만화로 체험하는!
니뽄노카이샤
~ 비즈니스 일본어를 실천한다 ~

漢検 공익재단법인 **일본한자능력검정협회**
(주)해외교육사업단

머리말

본서는 일본어를 모국어로 하지 않는 분, 그 중에서도 장래에 일본 및 일본회사에서 취직을 하려고 계획하면서, 그를 위해 공부와 취직 활동을 하고 있는 분들, 또한 이미 일본과 일본계 회사에서 일하고 있는 분들에게 도움이 되도록 제작하였습니다. 나아가 일본에 호감과 관심을 갖는 분에 대해서도 일본 사회에 관하여 더욱 자세히 알 수 있도록 제작하였습니다.

일본과 일본계 회사에서 일하려는 분들이 앞으로 열심히 일하고 성공하는 데에 필요한 것은 일본어 커뮤니케이션 능력입니다. 그것은 「일본 회사」 즉 **"일본의 비즈니스 현장"** 속 **에서 실제로 이루어지는 여러 가지 커뮤니케이션을 이해하면서 스스로 적절히 표현하고 주변 사람들과 충분히 의사소통 할 수 있는 능력**입니다. 이것을 「**비즈니스 일본어능력**」이라고 합니다.

「비즈니스 일본어능력」을 습득하는 일은 결코 쉽지 않습니다. 「비즈니스 일본어능력」은 일본어 지식 뿐만 아니라, 일본의 비즈니스 관습이나 문화에 대한 넓고 깊은 이해가 바탕이 된, 비즈니스 장면에서 일본어의 실제적인 활용 능력을 의미하기 때문입니다.

하지만 「비즈니스 일본어능력」을 습득하려고 노력하는 외국인에게 그 전제인 일본의 비즈니스 관습이나 문화를 접할 기회나 수단은 그다지 많지 않습니다. 이 점이 많은 사람들의 노력을 힘들게 했습니다. 그래서 본서에서는 「**만화**」를 사용하여 **"일본의 비즈니스 현장"을 실감나게 묘사하여, 실제 "일본의 비즈니스 현장"에 조금이라도 접할 수 있는 기회를 제공**하기로 하였습니다.

「만화」는 이제 세계공통 언어이며 커뮤니케이션 도구입니다. 이 책을 가지는 분들은 꼭 만화에 나오는 등장 인물에게 마음껏 감정 이입을 하셔서 그들과 함께 생각하고 행동하면서 실제 「일본 회사」를 체험해 주시기 바랍니다. 그 체험이 「비즈니스 일본어능력」의 공부나 취직 후의 업무에 커다란 도움이 될 것입니다.

일본과 일본계 회사에서 일하려고 계획하거나 계속해서 일하고 싶은 많은 분들의 노력에 본서가 조금이라도 도움이 된다면 더할 나위 없는 영광이라고 생각합니다.

본서는 이러한 취지에서 일본에서 발행된 것이지만, 한국에서 「비즈니스 일본어능력」을 공부하려는 분들에게도 도움이 되기를 바라면서 한국판을 발행합니다.

《 マンガの主な登場人物の紹介 》

チャタポーンくん （愛称：チャタくん）

入社1年目の新入社員。東南アジアの国の出身。大学時代はとても優秀な学生だったといううわさ。そのころ旅行で日本を訪れて、日本の会社への就職を決意。職場では人一倍張り切るのに"おっちょこちょい"で、上司や先輩に叱られてばかり。でも、のんきで気持ちの切り替えが早いところが大きな取り柄。いつも前向きな明るい性格でみんなに愛されている、輸入事業部の期待の星。

パナラットさん

入社1年目の新入社員。チャタくんと同期で職場も同じ輸入事業部。さらに出身も同じ東南アジアの国。子どものときに日本で過ごした経験あり。優しく素直な性格で、おまけになかなかの美人。おっとりしていて、どこか"抜けた"ところがあるのは、お嬢様育ちのせい？ 周りの人をハラハラさせることがときどきあるけれど、もともとしっかり者で、仕事ののみ込みの速さは抜群。

李さん

入社3年目の若手社員。チャタくんやパナラットさんの先輩。中国出身。日本語は大学時代に中国国内でマスター。早くから日本の会社で働くことを目標に勉強してきた努力家。思ったことをズバズバと口に出すけれど、根はさっぱりとした性格。仕事に集中しているときに見せる厳しさとは別に、後輩を気づかう優しい一面も。上司や先輩たちからの信頼も絶大。

佐藤部長

輸入事業部の責任者。年齢は50歳で温厚な人柄。いろいろな部署で働き、経験が豊富。長年の実績が認められ、輸入事業部では課長から部長に昇進。チャタくんやパナラットさんなど、おおぜいの若い部下たちの成長を優しく見守る、頼りがいのある上司。

※マンガには、ほかにも愛すべき人物がおおぜい登場します。

目次

はじめに ……………… 2
本書の内容と使い方 …… 6

「マンガ&問題」編 ……… 7

Chapter I
チャタくん 日本の会社に就職する！

- 01 そこまで正直でなくても……。 8
- 02 ほうれんそうの前に確認を！ 10
- 03 待つ身になってみないとね……。 12
- 04 書き出しが肝心なのです。 14
- 05 何を聞きたいかを、最初にね。 16
- 06 その呼び方、ちょっと待った！ 18
- 07 電話はメモする習慣をつけて！ 20
- 08 4時と14時は大違い。 22
- 09 だから、順番は大切なんですって！ 24
- 10 有給休暇！心奪われる響きだけれど。 26

Chapter II
新人パナラットさん奮闘記！

- 11 あれ？みんな、まだ帰らないの？ 30
- 12 スケジュール管理はしっかりと。 32
- 13 そこはちょっと思い切って！ 34
- 14 大事なのは日時とテーマ。 36
- 15 最初のひと言が肝心！ 38
- 16 いくら地図が苦手でも……。 40
- 17 何を話せばいいのかな？ 42
- 18 ほうれんそうは社外にも。 44
- 19 名刺はきちんと整理しておかないと……。 46
- 20 仕事のメールに顔文字？？ 48

Chapter III
仕事は七転び八起き！

21	相手の名前は重要だから。	52
22	急いでいる人もいるからね。	54
23	聞く耳を持つことも大切。	56
24	質問するのは、恥ずかしいことじゃない。	58
25	いくら後輩だからって……。	60
26	「できません」と言うその前に。	62
27	準備は怠りなく。	64
28	何はともあれ、相談だ！	66
29	「ここは日本だよね？」と思うかもしれないけど……。	68
30	おいてきぼりは、いけません。	70

コーヒーブレーク

コーヒーブレーク①　日本語は難しい!?
——ことばの大切さ——　……28
- "様" さえつければいいってわけじゃない！
- 漢字の読み間違いに注意！
- 略語は社内での使用に留めましょう。

コーヒーブレーク②　初心、忘るべからず！
——先輩だって失敗する——　……50
- 積み重ねたいのは、書類でなくてキャリアです。
- それ……バレてますよ!!
- 知ったかぶりは、やめましょう。

コーヒーブレーク③　やがて、いつの間にか……。
——成長の証——　……72
- お、見事な対応！……やるね！
- 気配り上手はアポ上手！
- 状況を読む力を磨きましょう！

「解答例」編　……75

付録1　「ビジネス日本語にチャレンジ！」解答＆解説　……86
付録2　「オフィスのことば」索引　……91

本書の内容と使い方

本書の内容と目的

◆本書は、マンガを通して、実際の日本の会社の中で日常的に起こるさまざまな出来事や場面を、みなさんに身近に感じ理解してもらえるように描いています。

◆みなさんが、それらの出来事や場面の中から問題点を見つけ、自分ならどうするかを考えて、主体的に問題を解決できるようになること——これが本書の目的です。

◆**本書の中で、みなさんは次の３つのことを実践します。**

☞ ビジネスの場面を想定して、それぞれの場面にふさわしい会話や行動を考えます。
☞ 自分の国と比較しながら、日本のビジネス習慣やマナー、また日本語の表現方法を学びます。
☞ ＢＪＴビジネス日本語能力テストに通じる問題で力試しをします。

本書の構成と学習方法

◆本書は、マンガを題材としてケーススタディを行う「マンガ＆問題」編と、それぞれの問題（学習の課題）に対する答えをまとめた「解答例」編とに、大きく分かれています。

◆「マンガ＆問題」編では、全部で30のテーマ（マンガ）を取り上げています。それぞれのテーマは、主に以下の❶～❽の項目（学習の課題）で構成されています。

❶「読む前に」
マンガを理解するためのウォーミングアップを行います。マンガに関係のある事柄を通して、実際の職場にいる自分を想像してみましょう。

❷「マンガ」
各場面が描いている状況、登場人物の行動や気持ち、それぞれの立場や関係などを考えながら、マンガを読みましょう。

❸「オフィスのことば」
マンガの中に出てきた、日本の会社でよく使われる言葉を並べています。辞書やインターネットなどで、意味や使い方を調べてみましょう。巻末に「索引」があります。

❹「考えよう！」
簡単な質問に答えながら、マンガの場面やストーリー、登場人物の行動や気持ちを、順に整理してみましょう。次に、問題点やその理由を考えましょう。最後に、自分ならどうするかを考え、問題解決の方法を探してみましょう。

❺「解説」
マンガの内容とともに、日本のビジネス習慣やマナー、日本語の表現方法などについて、理解を深めましょう。

❻「使ってみよう！」
マンガのような場面で実際に使われている、適切な言葉や表現を、自分でも会話の中で使ってみましょう。会話文（セリフ）を声に出して読んでください。相手がいれば互いに役割を決めて、会話形式で話してみましょう。

❼「会話を作ろう！」
Ａ、Ｂ……の人物の立場で、指示に従って会話文（セリフ）を作り、声に出して言ってみましょう。相手がいれば互いに役割を決めて、会話形式で話してみましょう。

❽「ビジネス日本語にチャレンジ！」
ＢＪＴビジネス日本語能力テストに通じる問題を解いて、腕試しをしてみましょう。

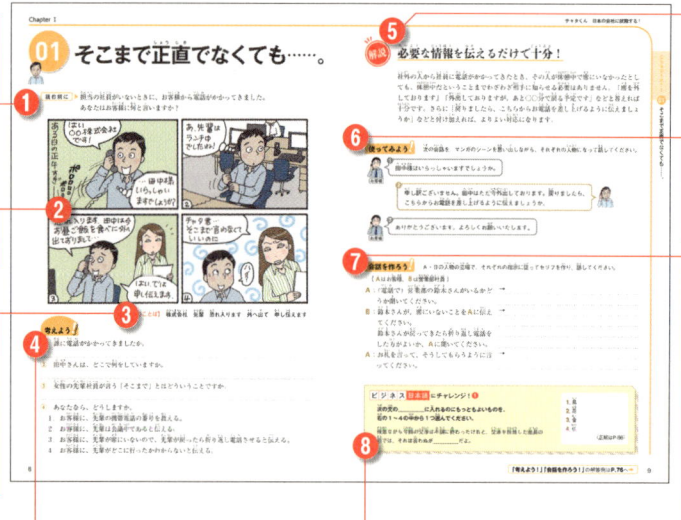

「マンガ&問題」編

Chapter I
チャタくん 日本の会社に就職する！……8

Chapter II
新人パナラットさん奮闘記！……………30

Chapter III
仕事は七転び八起き！………………52

Chapter I

01 そこまで正直でなくても……。

読む前に ▶ 担当の社員がいないときに、お客様から電話がかかってきました。
あなたはお客様に何と言いますか？

【オフィスのことば】 株式会社　先輩　恐れ入ります　外へ出て　申し伝えます

考えよう！

① 誰に電話がかかってきましたか。

② 田中さんは、どこで何をしていますか。

③ 女性の先輩社員が言う「そこまで」とはどういうことですか。

④ あなたなら、どうしますか。
　1. お客様に、先輩の携帯電話の番号を教える。
　2. お客様に、先輩は会議中であると伝える。
　3. お客様に、先輩が席にいないので、先輩が戻ったら折り返し電話させると伝える。
　4. お客様に、先輩がどこに行ったかわからないと伝える。

チャタくん　日本の会社に就職する！

解説　必要な情報を伝えるだけで十分！

社外の人から社員に電話がかかってきたとき、その人が休憩中で席にいなかったとしても、休憩中だということまでわざわざ相手に知らせる必要はありません。「席を外しております」「外出しておりますが、あと○○分で戻る予定です」などと答えれば十分です。さらに「戻りましたら、こちらからお電話を差し上げるように伝えましょうか」などと付け加えれば、よりよい対応になります。

使ってみよう！
次の会話を、マンガのシーンを思い出しながら、それぞれの人物になって話してください。

お客様
❶ 田中様はいらっしゃいますでしょうか。

❷ 申し訳ございません。田中はただ今外出しております。戻りましたら、こちらからお電話を差し上げるように伝えましょうか。

お客様
❸ ありがとうございます。よろしくお願いいたします。

会話を作ろう！
A・Bの人物の立場で、それぞれの指示に従ってセリフを作り、話してください。
〔Aはお客様、Bは営業部社員〕

A：（電話で）営業部の鈴木さんがいるかどうか聞いてください。　→

B：鈴木さんが、席にいないことをAに伝えてください。　→
鈴木さんが戻ってきたら折り返し電話をした方がよいか、Aに聞いてください。

A：お礼を言って、そうしてもらうように言ってください。　→

ビジネス日本語にチャレンジ！ ❶

次の文の＿＿＿＿に入れるのにもっともよいものを、右の1～4の中から1つ選んでください。

残念ながら今回の交渉は不調に終わったけれど、交渉を担当した部長の前では、それは言わぬが＿＿＿＿だよ。

1. 鳥
2. 花
3. 金
4. 仏

（正解はP.86）

Chapter 1　01　そこまで正直でなくても……。

「考えよう！」「会話を作ろう！」の解答例はP.76へ →

Chapter I

02 ほうれんそうの前に確認を!

読む前に ▶ 上司や先輩に仕事の報告をしようと思いますが、みんな忙しそうです。あなたはどのように報告しますか?

【オフィスのことば】　朝礼　ほうれんそう（報告・連絡・相談）
　　　　　　　　　　先日　〜の件　まとまって

考えよう！

① チャタくんは、上司から最初に何と言われましたか。

② ビジネスにおける「ほうれんそう」とは何のことですか。

③ チャタくんは、どうして困っているのですか。

④ あなたなら、どうしますか。
　1. 仕事の報告なので、相手に今すぐに聞いてくださいと言う。
　2. 相手に初めに今時間が取れるかどうかを聞いて、何についての報告かを伝える。
　3. 相手が忙しそうなので報告しない。
　4. 暇に見える人を探して報告する。

チャタくん　日本の会社に就職する！

 **解説** どんなコミュニケーションも相手に対する配慮が大事！

「ほうれんそう」（＝報告・連絡・相談）は、職場のコミュニケーションの中でも特に重要な三つの事柄を表す言葉です。ただし、いつでもどこでも、むやみに「ほうれんそう」をすればいいというわけではありません。コミュニケーションには、必ず相手がいます。仕事の内容や進み具合を考えながら、相手に配慮して行いましょう。何をどのタイミングで「ほうれんそう」をすればよいかわからないときは、あらかじめ上司や先輩に確認しておきましょう。

Chapter I 02 ほうれんそうの前に確認を！

使ってみよう！　次の会話を、マンガのシーンを思い出しながら、それぞれの人物になって話してください。

① 今、お時間をいただいてもよろしいでしょうか。

② はい。いいですよ。

③ 昨日のR商事の件で、ご報告してもよろしいですか。

④ ああ、その件ね。では、お願いします。

会話を作ろう！　A・Bの人物の立場で、それぞれの指示に従ってセリフを作り、話してください。

〔Aは部下、Bは課長〕

A：（オフィスで）Bに時間が取れるかどうかを聞いてください。　→ ....

B：返事をして、何の話か聞いてください。　→ ....

A：今日のX物産の件についての報告だと説明してください。　→ ....

B：これから会議なので、会議が終わってから聞くと言ってください。　→ ....

A：Bが会議から戻ったら、報告すると答えてください。　→ ....

ビジネス日本語にチャレンジ！ ❷

次の文の_____に入れるのにもっともよいものを、右の1〜4の中から1つ選んでください。

_____で、もう打つ手がないと思う状況でも、知恵を絞れば、必ずそれを打開する手立てがあるものだ。

1. 一触即発
2. 四角四面
3. 八方ふさがり
4. 十把ひとからげ

（正解はP.86）

「考えよう！」「会話を作ろう！」の解答例はP.76へ

Chapter I

03 待つ身になってみないとね……

読む前に ▶ 取引先の会社の人から問い合わせの電話がありました。
その内容が自分ひとりではわかりません。そのとき、あなたはどうしますか？

【オフィスのことば】　コール　以内　保留　確認　～いたします　少々お待ちください
　　　　　　　　　　～の件　申し訳ございません　電話(が)つながって(い)た

考えよう！

① チャタくんは、電話に出たとき、どうして喜んだのですか。

② チャタくんは、電話で問い合わせを受けたあとに、まず何をしましたか。

③ チャタくんは、次に何をしましたか。

④ 電話の相手は、どうして怒っているのですか。
　1．チャタくんが3コール以内に電話を取ったから。
　2．チャタくんが確認をするために電話を保留にしたから。
　3．チャタくんがわからないことについて先輩に質問したから。
　4．電話がつながった状態で、長い時間待たされたから。

 ## たった一言で相手の気持ちも救われる！

受話器を耳にあてたままストレスなく待てるのは、およそ1分が限度と言われています。「少々お待ちください」と言って電話を保留にするとき、その「少々」は1分以内と考えてください。それ以上に相手を待たせそうなら、「確認してこちらから電話します」と言って、いったん電話を切るほうがよいでしょう。確認するのに時間がかかりそうなら、目安の時間を伝えておきます。その時間までに確認できないときは、必ず一度、相手に連絡しましょう。

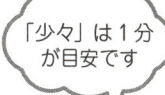「少々」は1分が目安です

使ってみよう！ 次の会話を、マンガのシーンを思い出しながら、それぞれの人物になって話してください。

 お客様
1 御社の新製品について教えていただけないでしょうか。

2 はい。確認いたしますので、少々お待ちください。

 お客様
3 わかりました。

4 たいへんお待たせいたしました。その件につきましては、担当者からご案内させていただきます。

会話を作ろう！ A・Bの人物の立場で、それぞれの指示に従ってセリフを作り、話してください。

〔Aはお客様、Bは社員〕

A：（電話で）修理をお願いしたパソコンがいつ戻ってくるか問い合わせてください。 →

B：担当者に確認するので、少し待ってもらうようにお願いしてください。 →

A：承知したことを伝えてください。 →

B：待たせたことをおわびして、確認するのに時間がかかるので、またあとでこちらから電話をすると伝えてください。 →

ビジネス日本語にチャレンジ！❸

次の文の_____に入れるのにもっともよいものを、右の1～4の中から1つ選んでください。

誠に申し訳ございません。ただ今、担当者は_____外出中で、すぐには戻ってまいりません。いかがいたしましょうか。

1. 折よく
2. しかるべく
3. あいにく
4. なるべく

（正解はP.86）

チャタくん 日本の会社に就職する！

Chapter I 03 待つ身になってみないとね……。

「考えよう！」「会話を作ろう！」の解答例はP.76へ➡

Chapter I

04 書き出しが肝心なのです。

読む前に ▶ 取引先の会社の、会ったことがない人にメールを送ります。
あなたは初めに何と書きますか？

【オフィスのことば】　株式会社　御担当者　書き出し　英文　ＣＣ　返信

考えよう！

① チャタくんは、誰にメールを送りましたか。

② メールを送った相手とチャタくんとは、どういう関係ですか。

③ 先輩はどうして困っているのでしょうか。

④ あなたなら、メールをどのように書き出しますか。
　1．こんにちは、お元気ですか。
　2．ご無沙汰しております。
　3．お世話になっております。初めてメールをお送りいたします。
　4．お疲れさまです。

チャタくん　日本の会社に就職する！

 # ビジネスメールの書き方には形式がある！

Chapter 1　04　書き出しが肝心なのです。

仕事でメールを出すときは、宛名のあとにあいさつ文を入れます。取引先の会社の人でも、会ったことがない人に初めてメールするときは「初めてメールいたします」、また、すでにメールでやり取りしたことがある人には「お世話になっております」と書き出します。一方、まだ取引のない会社の人へのメールは「突然のメールで失礼いたします」と書き出します。このようなあいさつ文のあとに、自分の名前を名乗り、用件を簡潔にまとめます。

メールを読んでみよう！

```
F株式会社　御担当者様　　　　　　　　　　　　　　…〈宛名〉
初めてメールをお送りいたします。　　　　　　　　　…〈あいさつ文〉
G株式会社の田中と申します。　　　　　　　　　　　…〈自己紹介〉
弊社の新商品発売のお知らせの件で、メールを差し上げました。…〈用件〉
　　　　　：
よろしくお願い申し上げます。

G株式会社　営業部　田中一郎　　　　　　　　　　　…〈署名〉
```

メールを書いてみよう！

以下の指示に従って、メールを書いてください。

● 株式会社X商事の加藤さん宛に、商品を注文してもらったお礼のメールを書いてください。
※加藤さんとは何度かやり取りをしています。
※メールの最後に、署名（社名・所属部署・氏名・会社の住所・電話番号・メールアドレス）などを入れてください。自宅の住所や電話番号などでもかまいません。

→

 ビジネス日本語にチャレンジ！ ❹

次の文の_____に入れるのにもっともよいものを、右の1〜4の中から1つ選んでください。

いつもお世話になり、_____。昨日、お電話いたしました営業担当の田中と申します。

1. すみません
2. 恐縮でございます
3. 幸いに存じます
4. ありがとうございます

（正解はP.86）

「考えよう！」「メールを書いてみよう！」の解答例はP.77へ →

Chapter I

05 何を聞きたいかを、最初にね。

読む前に ▶ 仕事でわからないことがあるので、先輩に相談したいと思います。
あなたはどのように相談しますか？

【オフィスのことば】 お伺いしたい　簡潔

考えよう！

① チャタくんは、なぜ先輩に話しかけたのですか。

② そのときの先輩の様子はどうでしたか。

③ 先輩は、チャタくんの話の途中で、どうして「ちょっと待って！」と言ったのですか。

④ あなたなら、どうしますか。
1．仕事の相談なので、最後まで詳しく話をする。
2．先に相談があることを伝え、内容を簡潔に話す。
3．先輩の仕事が終わるまで、ずっと待っている。
4．先輩の仕事を邪魔しないように、自分で考えて判断する。

解説 最初にテーマと目的をはっきりと伝えることが大切！

仕事を始めたばかりのころは、わからないことが山積み。わからないことがあるときは、自分ひとりで解決しようとせずに、上司や先輩に確認しながら進めるのがよいでしょう。でも、相手も仕事中です。話しかけるときは、まず何についての相談なのかを簡潔に伝え、相手にその時間があるかを聞きましょう。また、話す内容もあらかじめ自分の中で整理しておきましょう。

Chapter I 05 何を聞きたいかを、最初にね。

使ってみよう！ 次の会話を、マンガのシーンを思い出しながら、それぞれの人物になって話してください。

① 山田さん、お忙しいところ申し訳ありません。ご相談があるのですが……。

② うん？ （先輩社員）

③ 今、会議の資料を作っているんですが、このデータはどうしたらいいでしょうか。

④ それはね、今年のデータと昨年のデータを比較できるようにすればいいよ。（先輩社員）

⑤ ありがとうございました。

会話を作ろう！ A・Bの人物の立場で、それぞれの指示に従ってセリフを作り、話してください。
〔Aは後輩社員、Bは先輩社員の佐藤〕

A：（オフィスで）相談したいことがあるので、Bに話しかけてください。ただし、Bは忙しそうに仕事をしています。
B：仕事をしながら、簡単に返事をしてください。
A：会議の資料ができたので、人数分コピーしていいか聞いてください。
B：その前に資料を課長に見せたほうがいいと答えてください。
A：了解したことを伝え、課長に見せてからコピーすると話してください。最後に、お礼を言ってください。

ビジネス日本語にチャレンジ！⑤

次の文の_____に入れるのにもっともよいものを、右の1～4の中から1つ選んでください。

顧客に対してどれほど説明を繰り返しても、それが要領を_____ものならば、商談はまとまりません。

1. 射た
2. 得た
3. 外した
4. 得ない

（正解はP.86）

Chapter I

06 その呼び方、ちょっと待った！

読む前に ▶ 自社の社員のことを取引先の会社の人に伝えるとき、何と言いますか？

【オフィスのことば】 電話（を）取る　慣れて　コール　部長　かしこまりました
少々お待ちください

考えよう！

① 取引先の会社の人は、誰に電話をかけてきましたか。

② チャタくんは、どのように対応しましたか。

③ 取引先の会社の人は、どうしてあきれているのですか。
　1．チャタくんがとても明るく対応してくれたから。
　2．チャタくんが自分の上司の名前のあとに「部長」をつけたから。
　3．チャタくんが電話を2コール目に取ったから。
　4．チャタくんが電話の取り次ぎで自分を待たせたから。

チャタくん　日本の会社に就職する！

解説　社外の人の前では役職名のつけ方に注意する！

社外の人と話すとき、社内の人の名前には、たとえ上司でも、敬称をつけて呼んではいけません。たとえば、電話で社外の人から「佐藤部長は……」などと言われた場合は、役職名が敬称の代わりに用いられているので、その働きを消すために、「部長の佐藤」（＝役職名＋名前）と言い換えます。また、必ずしも役職名をつけて言う必要はありません。「佐藤からご連絡を差し上げます」「佐藤は今週いっぱい出張に出ております」などと名前だけでも十分です。

Chapter I　06　その呼び方、ちょっと待った！

使ってみよう！
次の会話を、マンガのシーンを思い出しながら、それぞれの人物になって話してください。

1. はい。P社でございます。

2. 私、Q社の山本と申しますが、佐藤部長をお願いします。（お客様）

社内の人は敬称なしですね

3. かしこまりました。部長の佐藤ですね。少々お待ちください。

会話を作ろう！
A・Bの人物の立場で、それぞれの指示に従ってセリフを作り、話してください。

〔AはX社の社員、BはY社の社員の鈴木〕

A：（電話に出て）社名を名乗ってください。　→
B：社名と名前を言って、小林部長がいるかどうか聞いてください。　→
A：返事をして、Bが話したい社員の名前を確認してください。　→
　そのまま少し待ってもらうようにお願いしてください。

ビジネス日本語にチャレンジ！❻

次の文の_____に入れるのにもっともよいものを、右の1〜4の中から1つ選んでください。

部長の佐藤は以前から、御社にぜひとも工事をお願いしたいと_____。

1. おっしゃっています
2. お話しです
3. 申しております
4. 言っています

（正解はP.87）

「考えよう！」「会話を作ろう！」の解答例はP.77へ→　19

Chapter I

07 電話はメモする習慣をつけて！

読む前に ▶ 取引先の会社の人から電話がかかってきて、伝言を頼まれました。あなたはどうしますか？

【オフィスのことば】 あいにく 外出 かしこまりました 戻り ～次第 〔お〕電話（を）差し上げる 申し伝えます 失礼いたしました 申し訳ございません 伝言

考えよう！

① 取引先の会社の人から上司に電話がかかってきたとき、上司はどうしていましたか。

② 取引先の会社の人は、チャタくんに何と言ったと考えられますか。

③ チャタくんは、なぜ上司へ伝言しなかったのですか。

④ あなたなら、どうしますか。
1．すぐに上司に電話して、取引先の会社の人の話を伝える。
2．取引先の会社の人に、あとでもう一度、電話をかけ直してもらうようにお願いする。
3．取引先の会社の人の話を上司に伝えるために、メモを書いて残しておく。
4．周りの人に電話の内容を話す。

チャタくん　日本の会社に就職する！

 **メモの内容が次の行動を教えてくれる！**

社外の人が電話をかけてきたのに担当者が不在で、電話の相手に伝言を頼まれたら、その場ですぐに用件や伝言の内容をメモし、担当者へ早く確実に伝えましょう。「このくらいは覚えておける」と思うかもしれませんが、人の記憶力は万全ではありません。日ごろからメモをとる習慣を身につけることが大切です。そうすれば肝心なことを忘れることもありません。

いつでもメモできるようにデスクに置いています

Chapter I　07　電話はメモする習慣をつけて！

使ってみよう！　次の会話を、マンガのシーンを思い出しながら、それぞれの人物になって話してください。

1. （メモを見ながら）部長、K社の木下様からお電話がありました。部長が戻り次第、お電話をいただきたいとのことでした。

2. はい、ありがとう。わかりました。

会話を作ろう！　A・Bの人物の立場で、それぞれの指示に従ってセリフを作り、話してください。
〔Aは部下、Bは課長〕

A：（オフィスで、メモを見ながら）山田部長から外出中の課長宛に電話があり、課長が戻ったら、自分の部屋に来てほしいと部長が言っていたことを、課長に伝えてください。　→

B：Aにお礼を言って、わかったと返事をしてください。　→

 **ビジネス日本語にチャレンジ！❼**

次の文の_____に入れるのにもっともよいものを、右の1〜4の中から1つ選んでください。

課長、S商事の鈴木専務からお電話をいただきまして、会場へは14時にいらっしゃる_____。

1. のだとか
2. とのことです
3. らしいです
4. に違いありません

（正解はP.87）

「考えよう！」「会話を作ろう！」の解答例はP.78へ →

21

Chapter I

08 4時と14時は大違い。

読む前に ▶ 電話で取引先の会社の人と会う時間を決めます。
あなたはどんなことに気をつけますか？

【オフィスのことば】　取引先　お伺いしたい　お待ちしております　お伺いします
　　　　　　　　　　かしこまりました　お待ちしています　外出　戻れれば　お約束
　　　　　　　　　　申し訳ございません　少々お待ちいただけますか

考えよう！

① 誰からの電話ですか。また、用件は何ですか。

―――――――――――――――――――――――――――――――――

② 電話の相手はいつ来たいと言っていますか。

―――――――――――――――――――――――――――――――――

③ チャタくんは、取引先の人がいつ来ると思いましたか。

―――――――――――――――――――――――――――――――――

④ 電話で取引先の会社の人と日時の約束をするとき、あなたならどうしますか。
　1．間違えないように、メモをする。
　2．間違えないように、相手にもう一度言ってくださいとお願いする。
　3．間違えないように、自分がもう一度言って相手に確認してもらう。
　4．間違えないように、上司に電話を代わってもらう。

解説 約束の日時は必ず復唱しよう！

時刻の表し方には、12時間単位のものと24時間単位のものと2種類があり、ビジネスの場でも併用されています。その中で、特に午後「3時」と「13時」、午後「4時」と「14時」、さらに午後「5時」と「15時」などは、聞き間違えて、仕事の上でも間違いや問題を引き起こしやすい時刻表現です。ですから、仕事の日程を決めるときは、必ず日にちや時刻を復唱し、間違いがないことを確認しましょう。

使ってみよう！

次の会話を、マンガのシーンを思い出しながら、それぞれの人物になって話してください。

1 一度おうかがいしたいのですが。

2 ええ、ぜひお越しください。

3 では、6月30日14時におうかがいいたします。

4 6月30日の4時でございますね。

5 いいえ、14時です。

6 失礼いたしました。14時、午後2時ですね。かしこまりました。お待ちしております。

会話を作ろう！

A・Bの人物の立場で、それぞれの指示に従ってセリフを作り、話してください。

〔AはX社の社員、BはY社の社員〕

A：（電話で）Bの都合のよいときに一度行きたいと伝えてください。 →

B：了解したと言ってください。「8日の13時」はどうですかと聞いてください。 →

A：「4日の3時」と復唱して確認してください。 →

B：違うと答えて、正しい日時をもう一度伝えてください。 →

A：おわびしてください。日時を正しく言い直して、Bの会社に行くと話してください。 →

B：待っていると答えてください。 →

ビジネス日本語にチャレンジ！ 8

次の文の_____に入れるのにもっともよいものを、右の1〜4の中から1つ選んでください。

約束の時間をうっかり_____、取引先の信用さえ、一度に失うことがある。

1. 間違えたりすると
2. 間違えたとはいえ
3. 間違えたにしても
4. 間違えたからには

（正解はP.87）

「考えよう！」「会話を作ろう！」の解答例はP.78へ

Chapter I

09 だから、順番は大切なんですって！

読む前に ▶ 自社の社員と取引先の会社に行き、自社の社員を紹介することになりました。あなたはどのように紹介しますか？

【オフィスのことば】　部長　取引先　案内　お世話になっている　紹介　緊張
少々お待ちください　失礼いたします　～の件
お世話になっております　うまくいった

考えよう！

① チャタくんは、どうして緊張しているのですか？

② チャタくんは、最初に誰を、誰に紹介しましたか。

③ 佐藤部長は、どうして困っているのですか。

④ あなたなら、どうしますか。
1．最初に上司を取引先の会社の人に紹介して、次にその人を上司に紹介する。
2．最初に自己紹介をして、次に取引先の会社の人を上司に紹介する。
3．最初に取引先の会社の人を上司に紹介して、次に上司をその人に紹介する。
4．上司と取引先の会社の人に自由に紹介しあってもらう。

チャタくん 日本の会社に就職する！

解説 社外と社内、目上と目下の区別がマナーの前提！

初対面の人たちを紹介するときは、「目下の人を先に、目上の人をあとに」するのが基本のマナーです。社内の人と取引先の会社の人との間では、取引先の会社の人が目上に当たります。ですから、先に「社内の人」を取引先の人に紹介し、次に「取引先の人」を社内の人に紹介します。このとき、社内の人には敬称（役職名）をつけて取引先の人に紹介しないように注意しましょう。

社内の人を先に紹介！

だから、順番は大切なんですって！

使ってみよう！
次の会話を、マンガのシーンを思い出しながら、それぞれの人物になって話してください。

1. 鈴木様、こちらは部長の佐藤です。部長、こちらは鈴木様です。
2. はじめまして、佐藤と申します。いつもお世話になっております。
3. はじめまして、鈴木と申します。（取引先の人）

会話を作ろう！
A・B・Cの人物の立場で、それぞれの指示に従ってセリフを作り、話してください。

〔 AはX社課長、BはX社の新入社員の山田、CはY社部長の佐藤 〕

A：（応接室で）新しく配属になったBを、取引先の会社のCに紹介してください。　→ ....
B：初対面のCにあいさつをしてください。　→ ....
C：Bにあいさつを返してください。　→ ....

ビジネス日本語にチャレンジ！ 9

次の文の_____に入れるのにもっともよいものを、右の1〜4の中から1つ選んでください。

初対面の人と会うときは、ビジネスの場ではなおさら、礼を_____ことが求められます。

1. する
2. 行う
3. 返す
4. 尽くす

（正解はP.87）

「考えよう！」「会話を作ろう！」の解答例はP.78へ

Chapter I

10 有給休暇！心奪われる響きだけれど。

読む前に ▶ 有給休暇を取りたいと思います。あなたはいつ取りますか？

【オフィスのことば】　輸入　事業　〜部　残業　繁忙期　有休　有給休暇
　　　　　　　　　　取得　早速　よろしく　部長

考えよう！

① 今月のチャタくんの部署は、どんな様子ですか。

② チャタくんは、部長に何をお願いしましたか。

③ 部長はどんな様子でしたか。

④ あなたなら、どうしますか。
　1．10月は紅葉がきれいなので、有給休暇を取りたいと部長にお願いする。
　2．同僚を誘って、みんなで一緒に有給休暇を取りたいと部長にお願いする。
　3．部長の機嫌がいいときに、有給休暇を取りたいとお願いする。
　4．部署があまり忙しくない時期を選んで、有給休暇を取りたいと部長にお願いする。

解説 欲しいのは周りの人たちへの思いやり！

有給休暇を取るのは社員の権利とはいえ、突然に取ると、周囲の人たちに迷惑がかかることもあります。繁忙期に有給休暇を取るときは、そうせざるをえない事情がある場合も含めて、あらかじめ上司に相談するほうがよいでしょう。また、休暇を取る前に、周囲の人や同じ仕事に携わっている人たちと、業務の引き継ぎなどについて相談する必要もあります。

使ってみよう！

次の会話を、マンガのシーンを思い出しながら、それぞれの人物になって話してください。

1. あの、忙しいときに申し訳ございません。繁忙期が終わったら有給休暇をいただきたいのですが、よろしいでしょうか。

2. うん、来月になればあまり忙しくなくなるから、いいですよ。

3. ありがとうございます。

前もって相談！
……ですね

会話を作ろう！

A・Bの人物の立場で、それぞれの指示に従ってセリフを作り、話してください。

〔Aは部下、Bは上司〕

A：（オフィスで）来月、母国で姉の結婚式があるので、有給休暇を取りたいとBにお願いしてください。
部署は来月、繁忙期です。
B：お祝いの言葉を言って許可してください。
A：申し訳ない気持ちを表して、お礼を言ってください。

ビジネス日本語にチャレンジ！⑩

次の文の_____に入れるのにもっともよいものを、右の1～4の中から1つ選んでください。

急な休みをいただくこととなり、皆様には何かと面倒を_____が、何とぞよろしくお願いいたします。

1. お譲りいたします
2. お引き受けいただきます
3. おかけいたします
4. 見ていただきます

（正解はP.87）

チャタくん　日本の会社に就職する！

Chapter I ⑩ 有給休暇！　心奪われる響きだけれど

「考えよう！」「会話を作ろう！」の解答例はP.79へ →

日本語は難しい!?
—ことばの大切さ—

ビジネスの世界でも、母国語以外の言葉をスラスラと話せたら、どんなに素敵でしょう。でも、なかなか簡単にはいきません。どんな言葉も、習得するには失敗と試行錯誤がつきもの。くじけずに使っているうちに"難しい"日本語も、自然と使いこなせるようになるものです。大切なのはやる気と根気です。

"様" さえつければいいってわけじゃない！

先輩のアドバイス

人の名前に"様"をつけると敬称になります。ところが、名前が何さんか人にたずねるときに「何様」などと言うと、たいへんなことになります。「何様」という表現は偉そうな態度をとる人に対して、皮肉を込めて使うことが多いからです。ビジネスの場面で相手の名前をたずねるときは、「どちら様ですか」と言いましょう。

☕ 漢字の読み間違いに注意！

※漢字の正しい読み方 ──「汎用性」＝「はんようせい」、「踏襲」＝「とうしゅう」、
「進捗」＝「しんちょく」、「割愛」＝「かつあい」。

先輩のアドバイス

日本語の文字には、漢字、ひらがな、カタカナの3種類があります。なかでも漢字は、ひとつの字に複数の読みがあったり、同じ読みでも意味の違う字がいくつもあったりします。漢字の読み書きを間違えると意味が伝わらず、コミュニケーションに支障が生じます。プレゼンテーションや文書の提出などの際は、事前にしっかり確認しましょう。

☕ 略語は社内での使用に留めましょう。

※「リスケ」──「リスケジュール」（＝スケジュールを組み直すこと）の略語。

先輩のアドバイス

日本の職場ではカタカナの言葉や独自の専門用語などがよく使われます。そういう言葉を短く略して言うことも、よくあります。しかし、そのような略語は社内で通じても、社外の人に同じように通じるとは限りません。むしろ誤解を生むこともあります。略語は基本的に社内での使用に留め、社外の人に対しては、簡単でわかりやすい言葉を使いましょう。

Chapter Ⅱ

11 あれ？ みんな、まだ帰らないの？

>[読む前に] ▶ 今日の仕事が終わりました。でも周りの人はまだ仕事をしています。
> あなたはどうしますか？

【オフィスのことば】　〜の件　戻りました　部長

考えよう！

① これは会社の一日の中で、いつのことですか。

② パナラットさんの仕事はどういう状態ですか。

③ パナラットさんはどうして帰ろうとしないのですか。

④ あなたなら、どうしますか。
  1. 自分の仕事が終わったので、「さようなら」と言ってさっと帰る。
  2. 周りの人の仕事の邪魔にならないように、黙ってそっと帰る。
  3. 周りの人に「何かお手伝いしましょうか？」と声をかけ、手伝うことが何もなければ「お先に失礼します」と言って帰る。
  4. みんなの仕事が終わるまで、自分の席に座ってずっと待っている。

新人パナラットさん奮闘記！

 **解説** 周囲にひと声かけてから帰ろう！

ひと声が大切なのね！

就業時間がすでに過ぎて、自分の仕事に区切りがついていても、周囲の人がまだ仕事をしていると、なかなか帰りにくいものです。でも、無意味に職場に居残る必要はありません。「何かお手伝いしましょうか？」などと周りの人に声をかけ、何も頼まれることがなければ「お先に失礼します」とあいさつをして退社します。無駄な残業はしないように心がけましょう。

使ってみよう！ 次の会話を、マンガのシーンを思い出しながら、それぞれの人物になって話してください。

 ❶ 何かお手伝いしましょうか。

 ❷ いや、大丈夫ですよ。お願いすることは特にありませんよ。

 ❸ では、お先に失礼いたします。

 ❹ お疲れさまでした。

会話を作ろう！ A・Bの人物の立場で、それぞれの指示に従ってセリフを作り、話してください。

〔Aは社員、BはAの同僚〕

A：（オフィスで）今から退社するところです。→
　　Bにまだ帰らないのかと聞いてください。
B：まだ資料の整理が終わらないと答えてく →
　　ださい。
A：手伝うことがあるかと聞いてください。 →
B：手伝ってもらわなくても大丈夫だと答え →
　　てください。
A：わかったと返事をして、退社のあいさつ →
　　をしてください。
B：あいさつを返してください。 →

ビジネス日本語にチャレンジ！⓫

次の文の＿＿＿＿に入れるのにもっともよいものを、右の１～４の中から１つ選んでください。

私は今、手があいております。私にお手伝いできるようなことがございましたら、＿＿＿＿お申し付けください。

1. 何なりと
2. 何もかも
3. 何としても
4. 何はともあれ

（正解はP.87）

「考えよう！」「会話を作ろう！」の解答例はP.79へ

Chapter Ⅱ

12 スケジュール管理はしっかりと。

読む前に ▶ 社内で仕事を頼まれることが多くなってきました。
いろいろな人から頼まれる仕事に対して、あなたはどのように対応しますか？

【オフィスのことば】　資料　まとめて　頼りにされて（い）る　間に合わない

考えよう！

① パナラットさんは、仕事を頼まれたとき、どうして「がんばりましょう」と思ったのですか。

② 女性の先輩社員は、何を「大丈夫かしら」と心配しているのでしょうか。

③ 数日後のパナラットさんは、どんな様子ですか。

④ 上司や先輩から新しい仕事を頼まれたとき、あなたならどうしますか。
　1．自分が今している仕事が終わってからすると答える。
　2．今している仕事があるので、できないと言って断る。
　3．頼まれた仕事は断らないで、何でも引き受ける。
　4．頼まれた仕事の内容と期限を確認し、自分が今している仕事の状況と照らし合わせてからどうするかを答える。

新人パナラットさん奮闘記！

解説 自分の仕事のボリュームと期限を見極める！

仕事を任されるのは、信頼されているからです。でも、任された仕事が期限に間に合わないようでは、信頼に応えることができません。仕事を依頼されたときは、まずその内容と期限を確認します。それらを自分がすでに抱えている仕事の期限などと照らし合わせ、優先順位を決めます。場合によっては周囲と相談し、それぞれの仕事の期限を調整して対応しましょう。

Chapter II ⑫ スケジュール管理はしっかりと。

使ってみよう！ 次の会話を、マンガのシーンを思い出しながら、それぞれの人物になって話してください。

先輩社員
1. パナラットさん、この仕事、頼める？
2. どのような仕事でしょうか。
3. この資料をまとめてほしいんだけど。
4. そうですか。それはいつまでに仕上げればいいでしょうか。
5. 明後日までなんだけど、大丈夫？
6. 明後日までですね。大丈夫です。承知しました。

会話を作ろう！ A・Bの人物の立場で、それぞれの指示に従ってセリフを作り、話してください。

〔Aは先輩社員、Bは後輩社員の鈴木〕

A：（オフィスで）Bに、仕事を頼んでもいいか聞いてください。 →
B：どのような仕事か聞いてください。 →
A：翻訳の仕事だと言ってください。 →
B：その仕事の期限を聞いてください。 →
A：明日だと言ってください。 →
B：今、急ぎの仕事があるので、明後日までにしてほしいと言ってください。 →

ビジネス日本語にチャレンジ！⑫

次の文の_____に入れるのにもっともよいものを、右の1～4の中から1つ選んでください。

お客様を相手にする以上は、たとえ_____も借りたいほど忙しいときでも、ていねいな対応を忘れてはいけません。

1. 孫の手
2. 猫の手
3. 馬の脚
4. 虎の尾

（正解はP.87）

「考えよう！」「会話を作ろう！」の解答例はP.79へ

Chapter Ⅱ

13 そこはちょっと思い切って！

読む前に ▶ 職場で上司に話しかけにくいのは、どんな場面ですか？

【オフィスのことば】　必着　間に合わない　課長　相談　来客中
ミーティングスペース　大至急

考えよう！

① 職場の人たちは、どうしてあわてているのですか。

② パナラットさんは先輩たちから、何をするように言われましたか。

③ 課長を見つけたパナラットさんは、どうして困っていますか。

④ 急ぎの用件がある場合、あなたならどうしますか。
 1．自分の部署に戻って、どうするかを先輩と相談する。
 2．お客様との面談が終わるまで、課長のそばで、ずっと待つ。
 3．課長のところまで行って、いきなり話に割り込んで用件を話す。
 4．用件を書いたメモを課長にそっと渡す。

新人パナラットさん奮闘記！

Chapter II ⑬ そこはちょっと思い切って！

解説 急ぐときには、ひと声かけてメモを渡そう！

来客に対応中の社員への伝言は、基本的にはその対応が終わるまで待たなければなりませんが、緊急の用件を伝えなければいけないときもあります。お客様に失礼にならないように、「お話し中に失礼いたします」などとひと声かけて、伝言する相手にメモを渡しましょう。また、急ぐときでも、相手にいきなり近づいて声をかけるのではなく、少し遠目から相手の視界に入って気づいてもらうようにすると、メモを渡しやすくなります。

使ってみよう！ 次の会話を、マンガのシーンを思い出しながら、それぞれの人物になって話してください。

❶ 今日午後必着の荷物が間に合わないそうです。どうすればいいですか？

❷ まず課長に相談だな。課長は来客中でミーティングスペースにいるから知らせてきて。
先輩社員

❸ はい。行ってきます。

❹ 大至急！
先輩社員

❺ （ミーティングスペース）お話し中、失礼いたします……。（課長にメモを渡す）

会話を作ろう！ A・Bの人物の立場で、それぞれの指示に従ってセリフを作り、話してください。
〔Aは後輩社員、Bは先輩社員〕

A：（オフィスで）課長にお客様から急ぎの電話がかかってきました。Bにどうしたらいいか聞いてください。 →

B：課長にすぐに知らせにいくように指示してください。課長は会議中で、会議室にいます。 →

A：行くと返事をしてください。（会議室に入って）課長にひと声かけて、メモを渡してください。 →

ビジネス日本語にチャレンジ！⑬

次の文の_____に入れるのにもっともよいものを、右の1～4の中から1つ選んでください。

_____の事態が起こっても、きちんと対応できるように準備しておくことが、リスクマネジメントの基本です。

1. 不明
2. 不惑
3. 不問
4. 不測

（正解はP.88）

「考えよう！」「会話を作ろう！」の解答例はP.80へ→

Chapter Ⅱ

14 大事なのは日時とテーマ。

読む前に ▶ 社内にお知らせのメールを送ります。
あなたは送信するメールの内容について、何に気をつけますか？

【オフィスのことば】　部内　会議　〜の件　連絡　送信先　送信
　　　　　　　　　　会議室　よろしくお願いします　いったい

考えよう！

① パナラットさんは、先輩に何を頼まれましたか。

---

② パナラットさんは、メールの内容について何を確認しましたか。

---

③ パナラットさんから送られてきたメールを見て、ほかの社員たちはどうして困っているのですか。
1．会議の日時がわからなかったから。
2．会議の場所がわからなかったから。
3．誰から誰に宛てたメールかわからなかったから。
4．会議のテーマがわからなかったから。

新人パナラットさん奮闘記！

 # 会議を開く主旨がわかるように伝える！

会議は多くの人の貴重な時間を割いて開かれるものです。そのような会議を有意義なものとするには、おのおのの出席者が事前に資料などを用意する必要があるでしょう。また、あらかじめ会議のテーマや主旨が伝わっていれば、出席者は下調べなどの準備もできます。そのため、会議の開催を連絡するときは、日時や場所、出席者などの情報だけでなく、会議のテーマをしっかりと伝えるように注意しましょう。

Chapter II ⑭ 大事なのは日時とテーマ。

メールを読んでみよう！

皆様

お疲れさまです。パナラットです。
田中さんに代わってお知らせします。
部内会議についてのお知らせです。
10月11日（火）13時から第一会議室で行います。
テーマは新商品の販売方法についてです。

よろしくお願いします。

会議の主旨が大事なのね

メールを書いてみよう！

以下の指示に従って、メールを書いてください。
● 部内の社員全員に、会議の開催を知らせてください。

会議：部内会議　　　　日時：8月10日（木）14：00から
場所：C会議室　　　　テーマ：来期の事業計画について

→

ビジネス日本語にチャレンジ！⑭

次の文の_____に入れるのにもっともよいものを、
右の1～4の中から1つ選んでください。

先ほど、研修会の案内のメールを関係者の方全員に送信しましたが、
課長も_____いただいたでしょうか。

1. ご覧されて
2. ご覧なされて
3. ご覧になって
4. ご覧になられて

（正解はP.88）

「考えよう！」「メールを書いてみよう！」の解答例はP.80へ →

37

Chapter II

15 最初のひと言が肝心！

読む前に ▶ 会社の電話が鳴っています。
電話に出たとき、あなたは最初に何と言いますか？

【オフィスのことば】 株式会社　少々お待ちくださいませ　内線　外線　間に合いました

考えよう！

① 今日のパナラットさんの部署は、どんな様子ですか。

② 電話が鳴り続けているのに、どうして同じ部署のみんなは、電話に出ないのですか。

③ 電話の相手は、なぜ怒っているのですか。

④ あなたなら、鳴り続けていた電話に出たとき、初めに何と言いますか。
1．「少々お待ちください」と言う。
2．「またあとで電話してください」と言う。
3．「あとでこちらからお電話いたします」と言う。
4．「たいへんお待たせいたしました」と言う。

解説 社名を名乗る前にひと言添えると解決！

電話は3コール以内に取るのがマナーと言われています。でも、ほかの電話に出ていたり、仕事の手を離すことができなかったりするために、すぐに電話が取れず、相手を待たせてしまうときもあります。そのような場合は、電話に出たら、社名を名乗る前に、相手に対して「お待たせいたしました」などと、おわびの気持ちを込めて、ひと言添えるようにしましょう。

使ってみよう！

次の会話を、マンガのシーンを思い出しながら、それぞれの人物になって話してください。

1　（電話が鳴る音）
　　ポロロロロン　ポロロロロン

2　はい、株式会社Fでございます。

3　（ほかの電話が鳴る音）
　　ポロロロロン　ポロロロロン
　　ポロロロロン　ポロロロロン

4　はい、お待たせいたしました。
　　株式会社Fでございます。

会話を作ろう！

A・Bの人物の立場で、それぞれの指示に従ってセリフを作り、話してください。

〔AはX社の社員、BはY社の社員の村山〕

（電話が鳴る音）ポロロロロン　ポロロロロン
　　　　　　　　ポロロロロン　ポロロロロン

A：電話に出てください。　→

B：自分が勤めている会社と自分自身の名前　→
　　を言ってください。吉田課長がいるかど
　　うか聞いてください。

A：あいさつをして、少し待ってもらうよう　→
　　に言ってください。（課長を探す）……
　　待たせたことをおわびして、吉田課長は
　　会議中だと答えてください。

ビジネス日本語にチャレンジ！ 15

次の文の＿＿＿＿に入れるのにもっともよいものを、
右の1～4の中から1つ選んでください。

＿＿＿＿お待たせいたしまして、誠に申し訳ございません。

1. 少々
2. いささか
3. しばらく
4. 長らく

（正解はP.88）

Chapter Ⅱ

16 いくら地図が苦手でも……。

読む前に ▶ 初めて来社するお客様に、会社の場所をどのように説明しますか？

【オフィスのことば】 来社　予定　お客様　通勤経路

考えよう！

① 来社予定のお客様は、なぜ電話をかけてきたのですか。

② パナラットさんは、お客様に対して、どのように説明しようとしましたか。

③ パナラットさんに案内されたお客様は、どんな様子ですか。

④ 来社予定のお客様から、会社への道順をたずねる電話がかかってきたとき、あなたならどうしますか。
 1．お客様に、自分の携帯電話で会社の場所を調べて来社してもらうように言う。
 2．すぐに会社を出て、お客様を探しにいく。
 3．まずお客様がどこにいるかを確認し、そこから会社までの道順を案内する。
 4．お客様に、近くの交番で会社への道順をたずねてもらうように言う。

解説　頭の中に会社の周辺の地図を描いておこう！

近ごろはスマートフォンなどで、住所や訪問先へのルートを手軽に検索することができます。とはいえ、お客様から電話などで、会社までの経路を聞かれる場合も少なくありません。最寄り駅や周辺地域から会社への道順くらいは、わかりやすく説明できるようにしておきましょう。なお、道を案内するときは、まずお客様がいる場所を確認することが基本です。お客様の立場に立って説明することが大切です。

使ってみよう！
次の会話を、マンガのシーンを思い出しながら、それぞれの人物になって話してください。

お客様 1　X社の田中ですが……。

2　お世話になっております。

お客様 3　こちらこそお世話になっております。すみません、駅に着いたのですが、実は地図を忘れてしまいまして……。

4　あ、そうですか。田中さんは今どちらにいらっしゃいますか。

お客様 5　駅の南口です。

6　そうですか。それでしたら、まず目の前の交差点を渡ってください。

会話を作ろう！
A・Bの人物の立場で、それぞれの指示に従ってセリフを作り、話してください。

〔Aは来社予定のお客様、Bは社員〕

A：（電話で）地下鉄の駅に着いたが、道がわからないことを伝えてください。
B：Aが今どこにいるか、確認してください。
A：改札口を出たところだと言ってください。
B：C2出口に向かうように言ってください。
A：返事をしてください。
B：C2出口を出たあとの道順を、以下のとおり案内してください。
　〔目の前の信号を渡る → コンビニの右にあるビルが会社 → ビルの3階が受付〕
　※ほかにも、今あなたがいる場所や会社までの道順などを案内してみましょう。

ビジネス日本語にチャレンジ！ 16

次の文の＿＿＿＿に入れるのにもっともよいものを、右の1～4の中から1つ選んでください。

セミナーの会場は当館5階にございます。エレベーターを降りて、右手に進んでいただきます＿＿＿＿、受付がございます。

1. が
2. と
3. ので
4. としても

（正解はP.88）

Chapter Ⅱ

17 何を話せばいいのかな？

読む前に ▶ 初対面のお客様に会って、あいさつのあとに、あなたはどんな話をしますか？

【オフィスのことば】　お客様　来社　ただ今　資料　お持ちします
　　　　　　　　　　少々お待ちください　初対面

考えよう！

① パナラットさんは、誰と話していますか。

② パナラットさんは、どうして困っているのですか。

③ パナラットさんと話をしているお客様は、どんな様子ですか。

④ あなたなら、どんな話をしますか。
　1. 最近の天気について話をする。
　2. 相手の家族について話をする。
　3. 相手の趣味について話をする。
　4. 信じている宗教について話をする。

解説 相手が困らない話題を選ぶことがコツ！

季節や天気の話でいいのね

取引先の会社の人やお客様と面会するときに、ほかの出席者や資料などの到着を待つ間、相手と二人きりで時間を過ごさなければならないことがあります。会話を交わして相手のことを知るよい機会でもありますが、相手のプライベートに踏み込んだり、政治や宗教に関わるような事柄を話題にしたりするのは避けましょう。そういうときは、天気の話など、当たり障りのない内容を話題にするのが無難です。

使ってみよう！
次の会話を、マンガのシーンを思い出しながら、それぞれの人物になって話してください。

1. 今日は暖かいですね。
2. そうですね。（お客様）
3. そろそろ桜も咲きそうですね。
4. ええ、楽しみですね。（お客様）

会話を作ろう！
A・Bの人物の立場で、それぞれの指示に従ってセリフを作り、話してください。

〔AはX社の社員、BはY社の社員〕

A：（応接室で）Bが来社しました。あいさつのあとで上司が席をはずしている間、Bと会話します。Bの服が濡れています。Bに話しかけてください。　→ ....

B：Aが言ったことに簡単に答えてください。　→ ....

A：今週は雨の日が多くて困ると、Bに話してください。　→ ....

B：週末は晴れるといいと、Aに言葉を返してください。　→ ....

※ほかにも、今日の天気を話題にして会話を作ってください。

ビジネス日本語にチャレンジ！17

次の文の_____に入れるのにもっともよいものを、右の1～4の中から1つ選んでください。

接客に際しては、お客様のプライベートに関わることにまで踏み込んで、_____たずねるようなことはしないでください。

1. 根掘り葉掘り
2. 一人ひとり
3. 入れ代わり立ち代わり
4. のらりくらり

（正解はP.88）

Chapter II

18 ほうれんそうは社外にも。

読む前に ▶ 取引先の会社を訪問するとき、あなたが一番気をつけることは何ですか？

【オフィスのことば】 伺います　お急ぎのところ　申し訳ございません
仕方がない　資料　確認　取引先

考えよう！

① パナラットさんは、約束の時間にどのくらい遅れましたか。

② 電車が動くのを待つ間、パナラットさんは何をしていましたか。

③ 取引先の会社の人は、パナラットさんに会って、なぜあきれているのですか。

④ あなたなら、どうしますか。
　1．取引先の会社に着いてから、約束の時間に遅れたことを謝る。
　2．約束の時間に遅れそうなので、取引先の会社に電話して待ってもらえるか確認する。
　3．電車が止まっては仕方がないので、電車が動くのを待って遅れて取引先の会社に行く。
　4．取引先の会社に電話して、電車が止まったので今日は行かないと伝える。

解説　状況が変わったら、まずは相手に連絡する！

取引先の会社を訪問するときに、約束の時間に遅れないようにするのは社会人として当たり前。しかし、どんなに気をつけていても、予想外の事態は起きるものです。やむを得ない事情で、約束の時間にどうしても間に合わない場合は、すぐに訪問先に連絡して状況を伝え、到着を待ってもらえるか、あるいは訪問の日時を改めるかなどについて相談しましょう。訪問先の相手の予定に対しても十分に配慮することが大切です。

使ってみよう！　次の会話を、マンガのシーンを思い出しながら、それぞれの人物になって話してください。

取引先の会社の人
1　（電話に出る）はい、P社の田中です。

2　Q社のパナラットですが、お世話になっております。

取引先の会社の人
3　お世話になっております。

4　本日14時のお約束なのですが、実は電車が止まってしまいまして、申し訳ないのですが、お約束の時間より30分ほど遅くなりそうでして……。

取引先の会社の人
5　そうですか。承知しました。それではそのころに、お待ちしております。

6　ご迷惑をおかけして申し訳ありません。よろしくお願いいたします。

会話を作ろう！　A・Bの人物の立場で、それぞれの指示に従ってセリフを作り、話してください。

〔AはX社の社員の佐藤、BはY社の社員の高橋〕

A：（電話に出て）社名と名前を言ってください。　→

B：社名と名前を言い、あいさつしてください。　→

A：あいさつを返してください。　→

B：今タクシーで向かっているが、道が混んで約束の時間に30分ほど遅れると言ってください。　→

A：わかったと返事をして、そのころに待っていると言ってください。　→

B：おわびしてください。　→

ビジネス日本語にチャレンジ！⑱

次の文の＿＿＿＿に入れるのにもっともよいものを、右の1〜4の中から1つ選んでください。

勝手なお願いとは存じますが、ご面会いただく日時を改めさせていただくわけには＿＿＿＿でしょうか。

1. いきます
2. いきません
3. まいります
4. まいりません

（正解はP.88）

Chapter Ⅱ

19 名刺はきちんと整理しておかないと……。

読む前に ▶ 取引先の会社の人と名刺を交換しました。
あなたは受けとった名刺をどうしますか？

【オフィスのことば】　名刺交換　名刺入れ　帰社　名刺　会議室
お客様　紹介　課　初めまして

考えよう！

① パナラットさんは訪問先で、取引先の会社の人たちに会って、何をしましたか。

② パナラットさんは帰社してから、受けとったたくさんの名刺をどうしましたか。

③ 会議室でお客様に名刺を差し出したパナラットさんは、どうしてあせっているのですか。

④ あなたなら、受けとった名刺をどうしますか。
　1．すぐにポケットに入れる。
　2．相手の話を聞きながら、メモを書き込むのに使う。
　3．名刺入れにそのまま入れて、会社に帰ってから整理する。
　4．受けとった名刺と自分の名刺とを分けて、名刺入れの中に入れておく。

新人パナラットさん奮闘記！

人と人とを結びつけるのが名刺の役割！

名刺は、その人自身だと言う人もいるほど、日本では大切なものに思われています。相手の名刺も自分の名刺もていねいに扱いましょう。名刺入れには、受けとった名刺と自分の名刺をきちんと分けて入れましょう。名刺に日づけや場所、話した内容などをメモしておくと、相手と次に会って話をするときに大いに役立ちます。また、名刺入れの中の自分の名刺が少なくなってきたら、すぐに補充しておきましょう。

使ってみよう！

1. 初めてお目にかかります。K社の中村と申します。（名刺を渡す）よろしくお願いいたします。

2. （名刺を受けとる）Q社のパナラットと申します。（名刺を渡す）こちらこそよろしくお願いいたします。

3. ちょうだいいたします。

名刺は大切に扱います

会話を作ろう！

A・Bの人物の立場で、それぞれの指示に従ってセリフを作り、話してください。

〔AはX社の社員の鈴木、BはY社の部長の山本〕

A：（会議室で）Y社を訪問して、初めてBに会います。名刺を渡してあいさつしてください。 →

B：名刺を受けとって、Aの名前を声に出して読んで確認してください。自分の名刺を渡してあいさつしてください。 →

A：Bの名刺を受けとって、お礼を言ってください。 →

ビジネス日本語にチャレンジ！⑲

次の文の_____に入れるのにもっともよいものを、右の1～4の中から1つ選んでください。

初めまして。ただ今、田中様からご紹介_____A物産の木村と申します。

1. あずかりました
2. のぼりました
3. おっしゃいました
4. たまわりました

（正解はP.89）

「考えよう！」「会話を作ろう！」の解答例はP.82へ

Chapter Ⅱ

20 仕事のメールに顔文字??

読む前に ▶ 取引先の会社を訪問しました。
会社に戻ってから、あなたは何をしますか？

【オフィスのことば】 取引先　訪問　失礼いたします　お礼　早速　担当者
送信　ご覧になりました　本日　お忙しい中

考えよう！

① パナラットさんは今日、何をしてきましたか。

② パナラットさんは、会社に戻ってから何をしましたか。

③ メールを受けとった取引先の会社の人は、なぜ、あきれた顔をしているのですか。

④ あなたなら、どのようなメールを書きますか。
1．顔文字や絵文字などを使って、親しみやすく楽しいメールを書く。
2．社外の人宛の、「拝啓……」で始まる形式的で堅苦しい感じのメールを書く。
3．次回の訪問の予定など、用件だけのメールを書く。
4．感謝の気持ちが相手によく伝わる言葉で、礼儀正しいメールを書く。

解説 親しい間柄になっても礼儀を忘れないことが大切！

顔文字や絵文字はダメ！

取引先の会社への訪問から戻ってきて、すぐにお礼のメールを送ることはとてもよいことです。しかし、たとえ相手といくら親しくなっても、仕事のメールで顔文字や絵文字、また、あまりに砕けた表現や友だち感覚のなれなれしい表現を用いることは避けましょう。感謝の気持ちは、飾らない誠実な、礼儀正しい言葉で簡潔に表現しましょう。

メールを読んでみよう！

> 本日はお忙しい中、面会のお時間をいただき、ありがとうございました。
> お二人にお話をうかがうことができて、たいへん勉強になりました。
> 今後ともよろしくお願いいたします。

メールを書いてみよう！　仕事のメールに直してください。

いつもお世話になってま～す（笑）
この間はゆっくり会えてうれしかったです。ヾ(o´∀`o)ノワァーイ♪
ありがとうございました♥
サンプルが用意できたので送りますね。
またよろしくお願いしま～す！

→

ビジネス日本語にチャレンジ！⑳

次の文の_____に入れるのにもっともよいものを、右の1～4の中から1つ選んでください。

本日は、ご来店のうえご購入たまわり、誠にありがとうございました。
今後とも変わらぬご_____のほど、何とぞよろしくお願い申し上げます。

1. 承諾
2. 尽力
3. 愛顧
4. 面倒

（正解はP.89）

初心、忘るべからず！
―先輩だって失敗する―

入社したばかりのころは、多くのことを学び、能力を磨こうとして、誰もが真剣に仕事に取り組みます。しかし、時間が経って仕事に慣れてくると、入社当時の謙虚な気持ちを忘れ、かえって初歩的で重大な失敗をしたりするものです。新入社員のころに学ぶことはすべて、忘れてはならないビジネスの基本なのです。

積み重ねたいのは、書類でなくてキャリアです。

先輩のアドバイス

スムーズに仕事をするために机上の整理整頓は欠かせません。ところがわかっていても、忙しいとつい書類を机上に積み重ねていたりするものです。その結果、重要な書類をあわてて探す……というのはよくある光景です。日ごろから、書類は重ね置きせず、**ファイルボックスなどに立てて整理**する習慣を身につけましょう。

☕ それ……バレてますよ!!

先輩のアドバイス

SNSへ投稿した内容は、ダイレクトメッセージ以外は、誰でも読むことができます。投稿者は、アカウントがわからなくても、キーワードや話題などで、特定が可能です。具体的な人名や会社名が記されていなくても、関係者にはわかってしまうものです。コミュニケーション・ツールとして便利で楽しいSNSですが、会社や仕事の話題は避けましょう。

☕ 知ったかぶりは、やめましょう。

先輩のアドバイス

入社してから2〜3年が経ち、会社の仕事にも慣れてくると、後輩からも頼られる存在になることでしょう。でも、先輩になったからと言って、まだまだ知らないことや、わからないことも多いはず。「先輩だから!」と気負わずに、わからないことは正直に上司やベテランの先輩に聞きましょう。その方が、自分にとっても勉強になります。

21 相手の名前は重要だから。

読む前に ▶ 取引先の会社の人から電話がありました。
相手の声が聞き取りにくいとき、あなたはどうしますか？

【オフィスのことば】　株式会社　会社名　担当者名

考えよう！

① チャタくんが取った電話は、誰から誰への電話でしたか。

② 電話の相手の声はどのような声でしたか。

③ 李さんは、どうして怒っているのですか。

④ 相手の話の内容が聞き取れないとき、あなたならどうしますか。
 1. 今話した内容をもう一度言ってもらうように、相手にお願いする。
 2. 何となく適当な返事をしてその場をやりすごす。
 3. 無言のまま電話を切る。
 4. 電話の話し方について、相手に注意する。

仕事は七転び八起き！

 **遠慮せずにもう一度言ってもらおう！**

「○○さんからお電話です」と言われて、電話に出る人は、どんな用件かを心づもりして出るものです。ですから、電話をつなぐ人は、どこの誰からの電話なのかを正確に伝えなければいけません。相手の声が小さかったり、周囲の音が大きかったり、あるいは相手の話し方などによって聞き取りにくかったりしたときは、「電話の声が遠いようなので」などと、相手に失礼にならない言い方で、もう一度言ってもらうようにお願いしましょう。

Chapter Ⅲ
21 相手の名前は重要だから。

使ってみよう！ 次の会話を、マンガのシーンを思い出しながら、それぞれの人物になって話してください。

 お客様
① 株式会社Qの佐々木ですが、李様をお願いできますか。

② たいへん申し訳ございません。お電話が遠いようなので、もう一度、御社の社名をおっしゃっていただけますでしょうか。

 お客様
③ はい、株式会社Qでございます。

④ 株式会社Qの佐々木様ですね。ありがとうございます。李におつなぎいたします。

会話を作ろう！ A・Bの人物の立場で、それぞれの指示に従ってセリフを作り、話してください。
〔AはX社の社員の渡辺、BはY社の社員〕

A：（電話で）社名と自分の名前を言って、米山さんがいるか聞いてください。 →

B：電話の相手の名前が聞き取れなかったので、もう一度言ってもらうように頼んでください。 →

A：名前を言ってください。 →

B：復唱して、お礼を言ってください。 →

ビジネス 日本語 にチャレンジ！ 21

次の文の_____に入れるのにもっともよいものを、右の1〜4の中から1つ選んでください。

自分の名前を間違えられて不愉快に思わないお客様は、まず_____。

1. いるはずです
2. いるかもしれません
3. います
4. いません

（正解はP.89）

「考えよう！」「会話を作ろう！」の解答例はP.82へ→

Chapter Ⅲ

22 急(いそ)いでいる人(ひと)もいるからね。

読(よ)む前(まえ)に ▶ 会議(かいぎ)の資料(しりょう)を大量(たいりょう)に印刷(いんさつ)します。あなたはいつしますか？

【オフィスのことば】　資料(しりょう)　問題(もんだい)ない　会議(かいぎ)　プリント　プリンター　急(いそ)いで　印刷(いんさつ)　急(いそ)ぎ

考えよう！

① チャタくんは、先輩(せんぱい)から何(なに)を頼(たの)まれましたか。

────────────────────────

② チャタくんは、どのくらいの分量(ぶんりょう)をプリントアウトしますか。

────────────────────────

③ 李(り)さんは、どうして怒(おこ)っているのですか。

────────────────────────

④ 何(なに)が問題(もんだい)ですか。
1．会議(かいぎ)の直前(ちょくぜん)にプリントアウトしなかったこと。
2．プリントアウトする量(りょう)が多(おお)かったこと。
3．プリントアウトしている間(あいだ)、ほかの仕事(しごと)をしていたこと。
4．大量(たいりょう)にプリントアウトしても大丈夫(だいじょうぶ)かどうか、周(まわ)りの人(ひと)に声(こえ)をかけて確認(かくにん)しなかったこと。

仕事は七転び八起き！

解説 印刷を始める前に周囲への声かけを忘れずに！

プリンターで資料を印刷するとき、部数が多いと時間がかかります。時間に余裕があるうちに印刷しておきたくなるものですが、印刷を急ぐ人がほかにいるかもしれません。印刷部数が多い場合は周りの人に声をかけて、印刷を急ぐ人がいないことを確かめてから印刷するか、プリンターがあまり使われない時間に印刷するようにしましょう。

使ってみよう！
次の会話を、マンガのシーンを思い出しながら、それぞれの人物になって話してください。

❶ プリント200枚印刷しますけど、いいですか。

❷ はい、結構ですよ。

❸ ありがとうございます。

周りへの配慮が大事なんだな

会話を作ろう！
A・Bの人物の立場で、それぞれの指示に従ってセリフを作り、話してください。

〔Aは社員、BはAの同僚〕

A：（オフィスで）コピー機で300枚印刷します。周りの人に声をかけて確認してください。 →　

B：急ぎの書類があるので、その前にコピーさせてほしいと頼んでください。 →　

A：了解して、相手に先にコピーさせてあげてください。 →　

B：お礼を言ってください。 →　

ビジネス日本語にチャレンジ！㉒

次の文の＿＿＿＿に入れるのにもっともよいものを、右の1〜4の中から1つ選んでください。

このコピー機は営業部と開発部とで＿＿＿＿しています。

1. 共用
2. 共通
3. 共同
4. 共存

（正解はP.89）

Chapter Ⅲ 22 急いでいる人もいるからね。

「考えよう！」「会話を作ろう！」の解答例はP.83へ→

Chapter III

23 聞く耳を持つことも大切。

読む前に ▶ 自分の意見とほかの人の意見が違うとき、あなたはどうしますか？

【オフィスのことば】 企画　会議　間に合う　まとめ（る）　案　アイデア

考えよう！

① パナラットさんは、パソコンで何をしていますか。

② 会議で同僚の意見を聞いて、パナラットさんはどう思いましたか。

③ パナラットさんは会議で発言したとき、どんな様子でしたか。

④ 会議でほかの人と意見が違うとき、あなたならどうしますか。
1. 先輩の意見だったら、自分の意見と違っても賛成する。
2. 自分の意見に自信があったら、ほかの人の意見を強く否定して、自分の意見を一方的に主張し続ける。
3. 自分の意見だけを主張しないで、ほかの人の意見もきちんと聞いて、よりよい企画にしようと考える。
4. 自分の意見とほかの人の意見が違っていたら、くじで決めてもらう。

仕事は七転び八起き！

解説 みんなが互いに意見を出し合ってこその会議！

会議の場などで、自分が企画した案を話す機会もあるでしょう。ただし、いくら自分の案に自信があっても、ほかの人の案をよく聞かずに一方的に否定するのは、よくありません。自分の意見にこだわることなく、ほかの人の話もきちんと聞き、おおぜいの人の知恵を集めて企画をよりよいものにしようという姿勢が大切です。

Chapter Ⅲ 23 聞く耳を持つことも大切。

使ってみよう！
次の会話を、マンガのシーンを思い出しながら、それぞれの人物になって話してください。

同僚

1. 私としては、ライバル会社に勝つために商品を値下げすべきだと思います。

2. そういう考え方もあると思いますが、まずはサービス向上にもっと力を入れることを考えてはいかがでしょうか。

落ち着いていろんな意見を聞くことが大事なのね

会話を作ろう！
A・Bの人物の立場で、それぞれの指示に従ってセリフを作り、話してください。

〔Aは社員、BはAの同僚〕

A：（会議室で）新商品の売り上げを伸ばすために、有名タレントを使った広告にすることを提案してください。 →

B：Aの意見に相づちを打って、その考えも認めることを伝えてから、まずは商品の特長がわかりやすい広告にすることを検討したほうがよいと提案してください。 →

ビジネス日本語にチャレンジ！㉓

次の文の_____に入れるのにもっともよいものを、右の1〜4の中から1つ選んでください。

激しい勢いで反論する彼女の姿に、同席した社員たちはみな驚き、ただ目を_____ばかりだった。

1. 見る
2. 開く
3. 見張る
4. つぶる

（正解はP.89）

「考えよう！」「会話を作ろう！」の解答例はP.83へ

Chapter Ⅲ

24 質問するのは、恥ずかしいことじゃない。

読む前に ▶ 仕事の中で相手の話の内容がよくわからないとき、あなたはどうしますか？

【オフィスのことば】 頼りにされて（い）ます　外出　直帰　お先に　お疲れさま

考えよう！

① 先輩に仕事を頼まれた直後のチャタくんは、どんな様子ですか。

② 先輩の話の内容がわからなかったのに、チャタくんはどうして質問しなかったのでしょうか。

③ ほかの人が退社する時間になって、チャタくんは何を後悔していると思いますか。

④ 相手の話の中にわからないことが出てきたとき、あなたならどうしますか。
　1. 恥ずかしい質問をしないように自分ひとりで考えてみて、わからなければあきらめる。
　2. 相手の話が終わったあとで、覚えていることだけをまとめて質問する。
　3. 話の途中でも、相手にひと言断ってから、できる限りその場で遠慮しないで質問する。
　4. 話が終わったあとで、自分も相手も忙しくないときに、メールで質問する。

解説 聞かないですませてしまうと、あとで困る！

入社して研修を受けたあとでも、いざ仕事を始めてみると、わからないことがたくさん出てきます。わからないことを教えてもらうのは、決して恥ずかしいことではありません。むしろ、わからないまま仕事を進めてしまうほうが問題です。わからないことがあったら、気おくれせずに上司や先輩に積極的に質問し、教えてもらいましょう。

使ってみよう！

次の会話を、マンガのシーンを思い出しながら、それぞれの人物になって話してください。

① あの、すみません。ちょっとよろしいでしょうか。

② 何かな。　先輩社員

③ 今おっしゃいました「あいみつをとる」というのは、「複数の会社から見積りを出してもらう」ということでしょうか。

④ うん、そうだよ。できる限りコストを下げたいからね。　先輩社員

⑤ わかりました。ありがとうございます。

会話を作ろう！

A・Bの人物の立場で、それぞれの指示に従ってセリフを作り、話してください。

〔Aは部下、Bは課長〕

A：（オフィスで）質問するために話を止めてください。 →
B：返事をしてください。 →
A：今、Bが話したX社への販売価格について、「値引きには応じられない」というのは「値引きしない」ということか聞いてください。 →
B：そうだと答えてください。 →
A：理解したことを伝え、お礼を言ってください。 →

ビジネス日本語にチャレンジ！24

次の文の_____に入れるのにもっともよいものを、右の1〜4の中から1つ選んでください。

それでも何とかなると思っていたのなら、やはりこの仕事に対する君の見通しが_____ということだ。

1. 暗かった
2. 甘かった
3. 遅かった
4. 緩かった

（正解はP.89）

仕事は七転び八起き！

Chapter Ⅲ 24 質問するのは、恥ずかしいことじゃない。

Chapter Ⅲ

25 いくら後輩だからって……。

読む前に ▶ あなたは先輩や後輩に対して、どんな言葉づかいをしていますか？

【オフィスのことば】　ミーティング　先輩　プラン　有効　後輩　情報

考えよう！

① チャタくんのあいさつに対して、李さんはどのようにあいさつを返しましたか。

② あいさつのあと、李さんはチャタくんに何を注意しましたか。

③ ミーティングのとき、先輩とチャタくんに対する李さんの言葉づかいや態度は、どのように違いましたか。

④ 李さんの態度や行動は、何が問題ですか。
　1．李さんがチャタくんの机の上をチェックしていたこと。
　2．李さんが朝一番に、チャタくんが昨日帰る前に机の上を片づけなかったことを、注意したこと。
　3．ミーティングのとき、李さんが先輩に対して丁寧な言葉で話したこと。
　4．ミーティングのとき、李さんが後輩のチャタくんに対しては乱暴な話し方をしたこと。

解説 社内では社内にふさわしい話し方がある！

日本には「親しき仲にも礼儀あり」ということわざがあります。同年代の同僚や後輩に対しては、敬語を使わなくても失礼にはなりませんが、あまりにもなれなれしい調子や乱暴な話し方は、社内での会話に適しません。もちろん上司や先輩などの目上の人には、相手がどんなに気さくな人でも、またどんなに親しくなっても、敬語で話しましょう。

言葉づかいに注意！

使ってみよう！
次の会話を、マンガのシーンを思い出しながら、それぞれの人物になって話してください。

1 ……ということでいかがでしょう。

2 チャタくん、すみません。ちょっとよろしいでしょうか。

3 はい、何でしょうか。

4 その情報は、どちらで調べましたか。

会話を作ろう！
A・Bの人物の立場で、それぞれの指示に従ってセリフを作り、話してください。

〔Aは後輩社員の鈴木、Bは先輩社員〕

A：（会議室で）新商品の今月の売り上げが、先月より10パーセント上がったことを報告してください。 →

B：話を止めて、Aに聞きたいことがあると言ってください。 →

A：返事をしてください。 →

B：Aに、その商品の発売後1か月の売り上げがどうだったかを聞いてください。 →

ビジネス日本語にチャレンジ！25

次の文の_____に入れるのにもっともよいものを、右の1〜4の中から1つ選んでください。

彼女が朝からピリピリしていて取り付く_____もないのは、ややこしいクレームのあった取引先との面会を午後に控えているからだ。

1. 腕
2. 枝
3. 島
4. 壁

（正解はP.89）

Chapter Ⅲ

26 「できません」と言うその前に。

読む前に ▶ 自分の仕事が忙しいときに上司や先輩から仕事を頼まれたら、あなたはどうしますか？

【オフィスのことば】　無理　課長　先ほど　失礼しました　お急ぎ　～の件

考えよう！

① 上司が李さんに声をかけたとき、李さんはどのように返事をしましたか。

② 李さんがチャタくんに声をかけたとき、チャタくんはどのように返事をしましたか。

③ 李さんはチャタくんの返事を聞いたあとで、何を思い出しましたか。

④ 李さんは、上司に何を謝ろうとしているのですか。
 1．チャタくんに用事を頼もうとしたこと。
 2．上司のことを少しも考えずに、用件も聞かないで上司の頼みを断ったこと。
 3．自分の仕事に集中していたこと。
 4．上司のところへ行って、もう一度用件を聞いたこと。

 # まずは相手の用件を聞く心のゆとりが大事!

仕事が忙しいときに、上司や同僚から別の仕事を頼まれることがあります。そんなときは、忙しいという気持ちが前に出て「できません」などと言ってしまいがちですが、頼まれた仕事は、自分が取り組んでいる仕事より急ぎの重要な仕事かもしれません。まずどんな仕事か聞いてみましょう。すぐに取りかかるのが難しいのなら、自分の状況と、いつになればできるのかを伝えるとよいでしょう。

使ってみよう!

次の会話を、マンガのシーンを思い出しながら、それぞれの人物になって話してください。

 ① 李さん、ちょっとお願いしたいことがあるんだけど。

② はい、何でしょうか。

 ③ 来週の火曜日の会議の資料を、今週中に作ってほしいんだけど。

④ はい、今週中でよろしければ、大丈夫です。

会話を作ろう!

A・Bの人物の立場で、それぞれの指示に従ってセリフを作り、話してください。

〔Aは上司、Bは部下の加藤〕

A:(オフィスで)Bに、頼みたいことがあると声をかけてください。 →

B:返事をして用件を聞いてください。 →

A:新商品のパンフレットの翻訳を頼んでください。 →

B:いつまでに必要か聞いてください。 →

A:今月末までにできていればいいと答えてください。 →

B:期限を確認し、依頼を受けてください。 →

ビジネス日本語にチャレンジ!㉖

次の文の_____に入れるのにもっともよいものを、右の1~4の中から1つ選んでください。

先輩があまりに忙しそうで、相談したいことがあるのに、声をかける_____もないほどだ。

1. 谷間
2. 手間
3. 間
4. すき間

(正解はP.90)

Chapter Ⅲ

27 準備は怠りなく。

読む前に ▶ 調べものを頼まれたとき、あなたはどんなことに気をつけて調べますか？

【オフィスのことば】 部長　初〜　出張　緊張　セミナー　会場　プリントアウト　間に合う　最寄り駅

考えよう！

① パナラットさんは、部長に何を頼まれましたか。

② 部長は、どうしてパナラットさんに場所を調べるように言ったのですか。

③ パナラットさんは、地図を部長に渡したあと、どうしてあわてているのですか。

④ あなたなら、どうしますか。
1. 会場の場所を調べるだけでなく、ほかに調べることがないか考え、上司にも確認する。
2. 会場の場所を地図で調べ、その地図を上司にメールで送る。
3. 調べるには時間がかかるので、上司にも調べてもらう。
4. 会場の場所を調べて、自分の頭の中に記憶しておく。

依頼された事柄の意味や背景を考える！

解説

上司や同僚から何かを依頼されたとき、その依頼された事柄だけをやれば、それだけでよいとは限りません。場合によっては、その事柄に関連する別の事柄についても確認したり準備したりする必要があります。依頼された内容をよく理解して、一歩先を考えた準備や行動が必要です。

一歩先のことまで考えないと……

使ってみよう！ 次の会話を、マンガのシーンを思い出しながら、それぞれの人物になって話してください。

1. パナラットさん、セミナー会場の場所を調べておいてね。

2. はい。会場の場所のほかに、何か調べることはございますか。

3. それじゃあ、電車の時間と最寄り駅からの時間も調べておいてください。

4. はい、承知しました。

会話を作ろう！ A・Bの人物の立場で、それぞれの指示に従ってセリフを作り、話してください。

〔Aは上司、Bは部下の山本〕

A：（オフィスで）Bに、先月の売り上げについて調べておくように頼んでください。 →

B：返事をしてください。そのほかに調べることがないか聞いてください。 →

A：去年の売り上げについても調べるように頼んでください。 →

B：承知したと返事をしてください。 →

ビジネス日本語にチャレンジ！㉗

次の文の_____に入れるのにもっともよいものを、右の1～4の中から1つ選んでください。

周囲のために、そこまで周到に準備を進めていたとは、新人なのによく_____が利くね。

1. 機転
2. 気
3. 目
4. 鼻

（正解はP.90）

「考えよう！」「会話を作ろう！」の解答例はP.84へ

Chapter Ⅲ

28 何はともあれ、相談だ！

読む前に ▶ 仕事に少し慣れて、書類作りを任されました。
あなたはどんなことに注意しますか？

【オフィスのことば】　お客さん　打ち合わせ　うまくいった　書類　まずい　まとめた

考えよう！

① ふたりの先輩は、何を心配していますか。

② 先輩が「間違ってるよ」と言ったのは、何についてですか。

③ 上司はどうして怒っているのですか。

④ あなたなら、どうしますか。
　1．書類を作る前に、上司や先輩にもう一度はじめから、作り方を全部教えてもらう。
　2．書類を作る前や途中で、疑問に思うことは上司や先輩に相談し、作ったあとにも見てもらう。
　3．書類作りは慣れている仕事なので、疑問に思うことがあっても最後までひとりで考えて作る。
　4．疑問に思うことが出てきたら、そのあとの作業は、ほかの人にお願いする。

66

仕事は七転び八起き！

解説 ひとりでできる仕事には限界がある！

仕事に慣れてくると、外部との打ち合わせや書類作りなどをひとりで任されることもあるでしょう。でも、自分ひとりでは解決できないことや気づかないミスなどがいろいろと出てくるものです。「自分ひとりでできる」と過信せずに、少しでも疑問に思うことは、上司や先輩に早めに相談しましょう。また、できあがった書類などは、上司や先輩に必ず確認してもらいましょう。

Chapter III
28 何はともあれ、相談だ！

使ってみよう！

次の会話を、マンガのシーンを思い出しながら、それぞれの人物になって話してください。

1 先輩、ちょっとよろしいですか。

2 何かな？ （先輩社員）

3 課長から書類を作るように言われたんですが、書き方がわからないところがあるので教えていただけますか。

4 うん、いいよ。どこ？ （先輩社員）

会話を作ろう！

A・Bの人物の立場で、それぞれの指示に従ってセリフを作り、話してください。

〔Aは部下、Bは係長〕

A：（オフィスで）Bに声をかけてください。　→
B：返事をしてください。　→
A：課長から指示されて、データを計算して報告書を作りました。課長に報告書を提出する前に、自分の計算が正しいかどうか、Bに見てほしいと頼んでください。　→
B：了解して、報告書を見てください。　→

ビジネス日本語にチャレンジ！ 28

次の文の＿＿＿＿に入れるのにもっともよいものを、右の1～4の中から1つ選んでください。

本文中の誤字につきましては、以下のとおり訂正のうえ、＿＿＿＿。

1. ご容赦願います
2. 失礼いたします
3. 遺憾に思います
4. おわびいたします

（正解はP.90）

「考えよう！」「会話を作ろう！」の解答例はP.85へ→

67

Chapter Ⅲ

29 「ここは日本だよね？」と思うかもしれないけど……。

読む前に ▶ 日本語の会話の中にはカタカナの言葉がたくさん出てきます。
あなたが知っているカタカナの言葉は何ですか？

【オフィスのことば】 部内　定例　会議　案件　コンセンサス　図って　議論　白熱　アウトソーシング
コンソーシアム　スケールメリット　生かして　先日　資料　ご覧ください

考えよう！

① 会議で出てきたカタカナの言葉には、どのようなものがありますか。

② カタカナの言葉がたくさん使われる議論を聞いたチャタくんは、どんな様子でしたか。

③ チャタくんは、会議の場で何をしていますか。

④ 会議終了後、チャタくんはどうして疲れているのですか。
　1．会議で議論が白熱したから。
　2．パソコンを開いて、資料を確認しなければならなかったから。
　3．会議で出てきたカタカナの言葉について調べられなかったから。
　4．自分の知らないカタカナの言葉が会議でたくさん使われて、議論を理解できなかったから。

68

仕事は七転び八起き！

 **解説** 日ごろから言葉を調べる習慣を身につける！

日本のビジネスの世界では、英語などの外国語から入ってきてカタカナで書かれる言葉がたくさん登場します。それらは、従来の日本語に訳しにくいとか、カタカナの言葉のままで広く理解が進んでいるといった言葉が多いようです。知らない言葉は早めに調べて、会議などで出てきたときに困らないように努めましょう。

使ってみよう！ 次の会話を、マンガのシーンを思い出しながら、それぞれの人物になって話してください。

1. すみません。「コンセンサス」とはどのような意味でしょうか。
2. それは「複数の人の意見の一致」という意味ですよ。（先輩社員）
3. ありがとうございます。

知らない言葉はちゃんと調べておこう！

 **会話を作ろう！** A・Bの人物の立場で、それぞれの指示に従ってセリフを作り、話してください。

〔Aは後輩社員、Bは先輩社員〕

A：（オフィスで）「アウトソーシング」の意味をBに聞いてください。 →
B：その意味をAに教えてください。 →
A：お礼を言ってください。 →
　※ほかのカタカナの言葉の意味も、同じように聞いてみましょう。
　（例）「コンソーシアム」「スケールメリット」

 **ビジネス日本語にチャレンジ！㉙**

次の文の＿＿＿＿に入れるのにもっともよいものを、右の1〜4の中から1つ選んでください。

製品は、使用目的によって3つの＿＿＿＿に分類し、倉庫の棚に収納しています。

1. カテゴリー
2. ポイント
3. ディテール
4. サークル

（正解はP.90）

「考えよう！」「会話を作ろう！」の解答例はP.85へ→

Chapter Ⅲ

30 おいてきぼりは、いけません。

読む前に ▶ あなたは同じ国の人と、自分の国の言葉で話しています。
一緒にいる日本人は、その会話がわかりません。あなたはどうしますか？

【オフィスのことば】　出張　資料　よろしくお願いいたします　商談
うまくいきそう　協力　うまくいきます

考えよう！

① 李さんは出張で、誰とどこへ行きましたか。

② 出張先での李さんの役割は何ですか。

③ 一緒にいる上司は、どうして黙っているのですか。

④ 上司があなたの国の言葉を話せないとき、あなたならどうしますか。
1. 出張前に、同行する上司にあなたの国の言葉を教える。
2. 取引先の会社の人より、上司を優先して、できるだけ日本語で話をする。
3. あなたの国の言葉がわからない上司に話の内容を通訳しながら、全員で一緒に話が進められるようにする。
4. 同じテーブルにいる人全員が話しやすいように、飲み物とお菓子を用意する。

解説 自分の役割を自覚して務めをまっとうすることが最優先!

日本の社会でもグローバル化が進んでいます。外国の会社との取引は今後ますます増えることでしょう。自分の国の言葉や得意な外国語の能力を生かして、面談や交渉の場で通訳の役目を担うこともあると思います。そんなときに自分の役割を忘れ、言葉がわからない上司や同僚をおいてきぼりにして話に夢中になるのは禁物です。交渉の責任者はあくまでも上司や同僚であることをわきまえ、交渉が有意義なものとなるように、まずは通訳の役割をしっかり務めることが大切です。

使ってみよう！
次の会話を、マンガのシーンを思い出しながら、それぞれの人物になって話してください。

1. 部長、この商談うまくいきそうですね。

2. うん。「我々の協力はきっとうまくいきますね」と通訳して伝えてください。

3. 「我々の協力はきっとうまくいきますね」
（※あなたの国の言葉で言ってください）

4. 「私もそう思います」
（※あなたの国の言葉で言ってください）

外国のお客様

5. あちらも「私もそう思います」とおっしゃっています。

6. そうですか、それはよかった。

会話を作ろう！
A・B・Cの人物の立場で、それぞれの指示に従ってセリフを作り、話してください。
〔Aは部下（X国人、通訳担当）、Bは部長（日本人）、CはX国の会社の社長〕

A：（応接室で）契約が決まってよかったと、Bに話しかけてください。
B：相づちを打って、「契約が決まってうれしい。これからもよろしくお願いしたい」という内容を通訳してCに伝えるように、Aに言ってください。
A：Bの言ったことを、あなたの国の言葉に訳して、Cに伝えてください。
C：「私もとてもうれしい。こちらこそよろしくお願いします」と、あなたの国の言葉で、AとBに言ってください。
A：Cの言ったことを、日本語に訳して、Bに伝えてください。
B：相づちを打って、「よかった」と言って、Cと握手してください。

ビジネス日本語にチャレンジ！ 30

次の文の＿＿＿に入れるのにもっともよいものを、右の1〜4の中から1つ選んでください。

同席した課長に一度も発言の機会を与えなかったとは、＿＿＿失礼ではありませんか。

1. 大して
2. ぜんぜん
3. さすがに
4. ほとんど

（正解はP.90）

コーヒーブレーク ③ 成長編

やがて、いつの間にか……。
―成長の証―

先輩や上司に温かく見守られる中で、失敗を繰り返しながらも努力しているうちに、新入社員もいつの間にか、周囲の人から信頼される一人前の社員に育っていきます。仕事が楽しく、やりがいを感じるようになるのもこのころです。そんな日が訪れるのを、実は厳しい先輩も上司もみんな待っているのです。

お、見事な対応！……やるね！

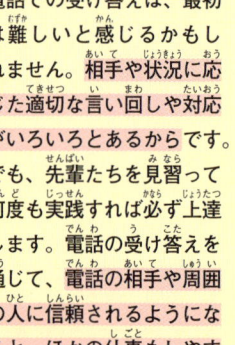

先輩のアドバイス

電話での受け答えは、最初は難しいと感じるかもしれません。相手や状況に応じた適切な言い回しや対応がいろいろとあるからです。でも、先輩たちを見習って何度も実践すれば必ず上達します。電話の受け答えを通じて、電話の相手や周囲の人に信頼されるようになると、ほかの仕事もしやすくなり、仕事が楽しくなるものです。

☕ 気配り上手はアポ上手！

先輩のアドバイス

取引先の会社などに訪問のアポイントをとるときは、用件や所要時間、訪問人数を相手に明確に伝えます。そのうえで複数の希望日時をあげ、相手の都合をたずねましょう。自分の時間に融通がきくときは候補日を示し、相手に日時を指定してもらいましょう。訪問先の相手の事情にも配慮してアポイントをとれば、その後の仕事もスムーズに進みます。

☕ 状況を読む力を磨きましょう！

先輩のアドバイス

仕事をするうえで大切な能力のひとつが、それぞれの仕事において今何が必要なのか、それに関わっている人がどんな事情を抱えているのか、つまり周囲の状況を読む力です。依頼された仕事はきちんとやり遂げることが何より大切ですが、そのとき、自分でも状況に応じて、仕事の内容や進め方を考えながら行うと、よりよい仕事ができます。ただし、それが自分だけの思い込みにならないように、必要に応じて、確認や相談を行うことが大切です。

「解答例」編

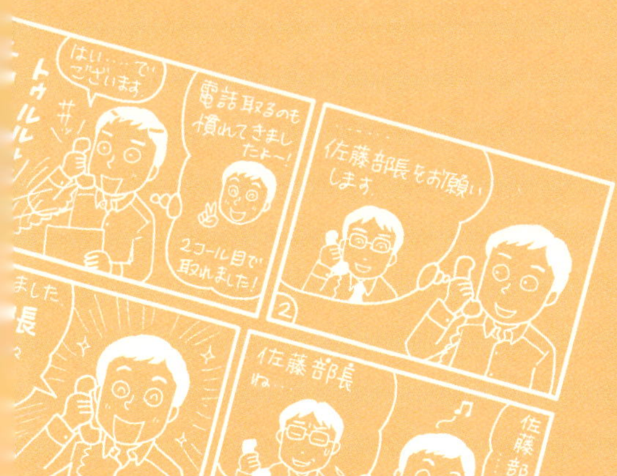

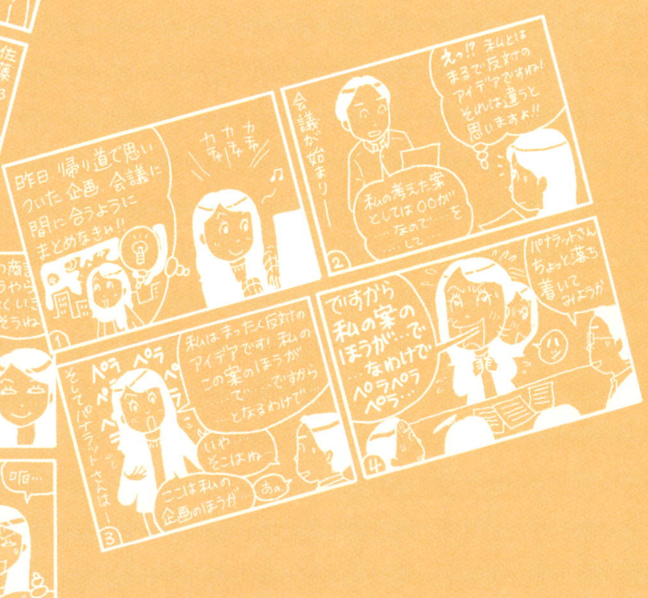

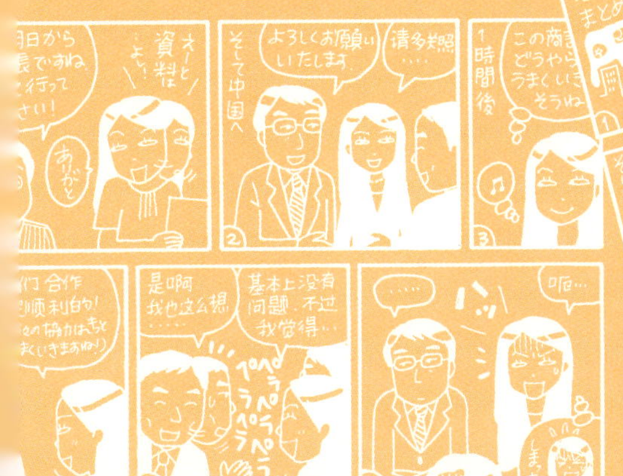

01 そこまで正直でなくても……。

考えよう
① 先輩社員の田中さん。
② お昼ご飯を食べに会社の外へ出ています。
③ 田中さんが現在ランチの最中だという、お客様に関係のないことまで、ということ。
④ 3 （☞P.9「解説」参照）

会話を作ろう
A：営業部の鈴木様はいらっしゃいますでしょうか。
B：申し訳ございません。鈴木はただ今席を外しております。戻りましたら、こちらからお電話を差し上げるように伝えましょうか。
A：ありがとうございます。よろしくお願いいたします。

02 ほうれんそうの前に確認を！

考えよう
① 今週もほうれんそうをしっかりするようにと言われました。
② 報告・連絡・相談のこと。
③ 先日の件を部署の人にすぐに報告しようとしたけれど、みんな忙しくて聞いてもらえなかったから。
④ 2 （☞P.11「解説」参照）

会話を作ろう
A：課長、今、お時間をいただいてもよろしいでしょうか。
B：はい。何ですか。
A：今日のX物産様の件で、ご報告してもよろしいですか。
B：ああ、その件ね。これから会議なので、会議が終わったら聞くよ。
A：はい。それでは課長が会議からお戻りになられたら、ご報告させていただきます。

03 待つ身になってみないとね……。

考えよう
① 3コール以内で素早く電話に出ることができたから。
② 少々お待ちくださいと言って、電話を保留にしました。
③ 確認のために、先輩に長々と相談しました。
④ 4 （☞P.13「解説」参照）

会話を作ろう
A：修理をお願いしたパソコンですが、いつ戻ってくるか、教えていただけないでしょうか。
B：はい。担当者に確認いたしますので、少々お待ちください。
A：わかりました。お願いいたします。
B：たいへんお待たせいたしました。申し訳ございません、確認にもう少しお時間をいただきたいと存じますので、確認でき次第、こちらからお電話してよろしいでしょうか。

04 書き出しが肝心なのです。

考えよう
① 取引先の会社の担当者。
② まだ一度も直接に会ったことのない関係。
③ メールの書き出しが「こんにちは」で始まり、ビジネスメールになっていないから。
④ 3 (☞P.15「解説」参照)

メールを書いてみよう
株式会社X商事　加藤様
いつもお世話になっております。
このたびは、弊社の商品をご注文いただき、誠にありがとうございます。
　　　　　　　　　　　　　：
今後とも、どうぞよろしくお願い申し上げます。
　(例) △△株式会社　営業部　○○
　　　 会社住所　電話番号　メールアドレス　……

05 何を聞きたいかを、最初にね。

考えよう
① 仕事でわからないことを先輩に相談したかったから。
② 忙しそうにパソコンのキーボードを打っていました。
③ チャタくんの話が長くてよくわからないので、言いたいことをもっと簡潔に言ってほしいと思ったから。
④ 2 (☞P.17「解説」参照)

会話を作ろう
A：佐藤さん、お忙しいところ申し訳ありません。ご相談があるんですが……。
B：何かな？
A：会議の資料ができたんですが、このまま人数分コピーしてもよろしいでしょうか。
B：いや、その前に課長に見せたほうがいいだろう。
A：わかりました。課長に見ていただいてから、コピーします。ありがとうございました。

06 その呼び方、ちょっと待った！

考えよう
① チャタくんの上司である佐藤部長。
② 取引先の会社の人が話したい相手が佐藤部長であることを、敬称をつけたまま確認し、その人に少し待ってもらうように言いました。
③ 2 (☞P.19「解説」参照)

会話を作ろう
A：はい、X社でございます。
B：私、Y社の鈴木と申しますが、小林部長がいらっしゃいましたら、お願いできますでしょうか。
A：かしこまりました。部長の小林ですね。少々お待ちください。

07 電話はメモする習慣をつけて！

考えよう
① 外出中（がいしゅつちゅう）で、社内（しゃない）にいませんでした。
② 佐藤部長（さとうぶちょう）が会社に戻（もど）ったら、折（お）り返（かえ）し電話（でんわ）をかけてほしい。
③ 電話（でんわ）の直後（ちょくご）に先輩（せんぱい）に話（はな）しかけられて、伝言（でんごん）するのを忘（わす）れてしまったから。
④ 3（☞P.21「解説」参照）

会話を作ろう
A：課長（かちょう）、山田部長（やまだぶちょう）からお電話（でんわ）がありました。席（せき）に戻（もど）り次第（しだい）、部長（ぶちょう）の部屋（へや）に来てほしいとのことです。
B：ありがとう。わかりました。

08 4時と14時は大違い。

考えよう
① 取引先（とりひきさき）の会社（かいしゃ）の人（ひと）からの電話（でんわ）。その人（ひと）が来社（らいしゃ）する日程（にってい）の件（けん）。
② ○月（がつ）△日（にち）の14時（じ）。
③ ○月（がつ）△日（にち）の（午後（ごご））4時（じ）。
④ 3（☞P.23「解説」参照）

会話を作ろう
A：ご都合（つごう）のよろしいときに一度（いちど）おうかがいしたいのですが。
B：承知（しょうち）しました。それでは8日（ようか）の13時（じ）はいかがでしょうか。
A：4日（よっか）の3時（じ）でございますね。
B：いいえ、8日（ようか）の13時（じ）です。
A：失礼（しつれい）いたしました。8日（ようか）の13時（じ）、つまり8日（はちにち）の午後（ごご）1時（じ）に、御社（おんしゃ）におうかがいいたします。よろしくお願（ねが）いいたします。
B：お待（ま）ちしております。

09 だから、順番は大切なんですって！

考えよう
① 上司（じょうし）と取引先（とりひきさき）の会社（かいしゃ）の人（ひと）をそれぞれ、どのように紹介（しょうかい）したらいいか悩（なや）んでいるから。
② 最初（さいしょ）に取引先（とりひきさき）の会社（かいしゃ）の人（ひと）を、上司（じょうし）に紹介（しょうかい）しました。
③ チャタくんが、最初（さいしょ）に取引先（とりひきさき）の会社（かいしゃ）の人（ひと）を自分（じぶん）に紹介（しょうかい）したから。
④ 1（☞P.25「解説」参照）

会話を作ろう
A：佐藤様（さとうさま）、こちらがこのたび新（あたら）しく配属（はいぞく）になりました新入社員（しんにゅうしゃいん）の山田（やまだ）です。
B：はじめまして。私（わたし）、X社（しゃ）の山田（やまだ）と申（もう）します。よろしくお願（ねが）いいたします。
C：Y社（しゃ）の佐藤（さとう）と申（もう）します。こちらこそ、よろしくお願（ねが）いいたします。

10 有給休暇！ 心奪われる響きだけれど。

考えよう
① 10月の輸入事業部は大忙しで、社員は毎日残業しています。
② 今週の金曜日に有給休暇を取りたいとお願いしました。
③ 忙しいときに突然、有給休暇を取りたいと言われてあきれている様子。
④ 4 (☞P.27「解説」参照)

会話を作ろう
A：あの、実は来月、私の国で姉の結婚式がありまして……。忙しいときに申し訳ございませんが、できましたら有給休暇を取らせていただきたいんですが、よろしいでしょうか。
B：お姉さんの結婚式ですか。それは、おめでとう。いいですよ。
A：はい、申し訳ございません。ありがとうございます。

11 あれ？ みんな、まだ帰らないの？

考えよう
① 就業時間が終わったあと。
② 今日の自分の仕事は全部終わっている状態。
③ 周りの人がまだ仕事をしているので、自分だけが先に帰りにくいと思ったから。
④ 3 (☞P.31「解説」参照)

会話を作ろう
A：まだ帰らないんですか。
B：まだ資料の整理が終わらないんですよ。
A：何かお手伝いしましょうか。↗
→B：いや、手伝ってもらわなくても大丈夫ですよ。
A：そうですか。では、お先に失礼いたします。
B：お疲れさまでした。

12 スケジュール管理はしっかりと。

考えよう
① 周りの人から頼りにされていると思ったから。
② パナラットさんが、頼まれた仕事を期限までにできるかどうかということ。
③ 頼まれた仕事が期限までに間に合いそうもないので困っている様子。
④ 4 (☞P.33「解説」参照)

会話を作ろう
A：鈴木さん、これ、お願いしてもいいですか。
B：何ですか。
A：翻訳の仕事なんだけど。↗
→B：そうですか。期限はいつですか。
A：明日なんだけど、できそうかな。
B：申し訳ありません。今、急ぎの仕事があるので、明後日までにしていただけますか。

13 そこはちょっと思い切って！

考えよう
① 今日の午後に必着の予定だった荷物が「間に合わない」という連絡が急に入ったから。
② どうすればいいかを、まず課長に相談すること。
③ 課長はミーティングスペースでお客様とお話し中で、話しかけていいかどうか、わからないから。
④ 4（☞P.35「解説」参照）

会話を作ろう
A：課長にお客様から急ぎの電話です。どうすればいいですか。
B：課長は会議中で会議室にいらっしゃるから、すぐに知らせてきて。
A：はい、行ってきます。
　（ノックして会議室に入る）失礼いたします。お話し中に失礼いたします。（メモを渡す）

14 大事なのは日時とテーマ。

考えよう
① 部内会議について、ほかの社員たちに連絡すること。
② 会議の日時と、メールの送信先に全員の名前が入っていること。
③ 4（☞P.37「解説」参照）

メールを書いてみよう
皆様
お疲れさまです。
部内会議のお知らせです。
8月10日（木）14：00からC会議室で、
来期の事業計画について会議を行います。
よろしくお願いします。

15 最初のひと言が肝心！

考えよう
① 電話が何本もかかってきてたいへん忙しい様子。
② ほかの電話に出ているから。
③ なかなか電話に出ないで待たせたのに、おわびの言葉がないから。
④ 4（☞P.39「解説」参照）

会話を作ろう
A：はい、お待たせいたしました。X社です。
B：Y社の村山です。吉田課長はいらっしゃいますか。
A：いつもお世話になっております。少々お待ちください。（課長を探す）……
　たいへんお待たせいたしまして、申し訳ありません。吉田はただ今、会議中でございます。

16 いくら地図が苦手でも……。

考えよう
① 駅に着いたが、地図を忘れてしまい、駅から会社への行き方がわからないから。
② 自分の通勤経路を思い出しながら、説明しようとしました。
③ かえって道に迷ってしまい、困っている様子。
④ 3 （☞P.41「解説」参照）

会話を作ろう
A：地下鉄の駅に着いたのですが、道がわからなくて……。
B：あ、そうですか。お客様は今どちらにいらっしゃいますか。
A：今、改札口を出たところです。↗

→ B：そうですか。そうしましたら、C2出口に向かっていただけますでしょうか。
A：はい、わかりました。
B：C2出口を出ましたら、目の前の信号を渡ってください。コンビニの右にあるビルが弊社です。ビルに入られたら、3階の受付までお越しください。

17 何を話せばいいのかな？

考えよう
① 来社した初対面のお客様。
② 同僚の社員が戻ってくるまでの間、ひとりだけで相手をすることになったお客様と、何を話せばよいか、わからなかったから。
③ 自分のプライベートに関わることを次々に聞かれて、困っている様子。
④ 1 （☞P.43「解説」参照）

会話を作ろう
A：外は雨が降っていましたか。
B：ええ。（こちらに来る途中で降り始めました。）↗

→ A：今週は雨の日が多くて困りますね。
B：週末は晴れるといいですね。

18 ほうれんそうは社外にも。

考えよう
① 25分遅れました。
② 取引先の会社の人に連絡を入れないで、資料を確認していました。
③ 連絡もせずに約束の時間に遅れて到着したのに、おわびもしないで、あいさつしたから。
④ 2 （☞P.45「解説」参照）

会話を作ろう
A：はい、X社の佐藤です。
B：Y社の高橋です。お世話になっております。
A：お世話になっております。
B：今タクシーでそちらに向かっているのですが、実は道が混んでいまして、申し訳ないのですが、お約束の時間に30分ほど遅れそうでして……。↗

→ A：そうですか。承知しました。では、そのころにお待ちしております。
B：ご迷惑をおかけして申し訳ありません。よろしくお願いいたします。

19 名刺はきちんと整理しておかないと……。

考えよう
① 初対面のあいさつと名刺交換。
② 帰社後、整理しようと思ったけれど、先輩に呼ばれたので、整理できませんでした。
③ 自分の名刺ではなく、訪問先の会社の人にもらった名刺を出してしまったから。
④ 4 （☞P.47「解説」参照）

会話を作ろう
A：初めてお目にかかります。X社の鈴木と申します。（名刺を出す）よろしくお願いいたします。
B：（名刺を受けとる）鈴木様ですね。部長の山本です。（名刺を出す）こちらこそ、よろしくお願いいたします。
A：（名刺を受けとる）ちょうだいいたします。ありがとうございます。

20 仕事のメールに顔文字？？

考えよう
① 先輩と一緒に取引先の会社を訪問してきました。
② 先輩のアドバイスに従って、取引先の会社の人にお礼のメールを送りました。
③ パナラットさんのメールの中に、顔文字や絵文字が使われていたから。
④ 4 （☞P.49「解説」参照）

メールを書いてみよう
いつもお世話になっております。
先日はお忙しい中、わざわざお時間をいただき、ありがとうございました。
サンプルがご用意できましたので、お送りいたします。
今後とも、どうぞよろしくお願いいたします。

21 相手の名前は重要だから。

考えよう
① 株式会社ａｂ商事の佐々木さんから李さんへの電話。
② 早口で声が小さくて、聞き取りにくい声。
③ チャタくんが、電話の相手について、間違った会社名と担当者名を伝えたから。
④ 1 （☞P.53「解説」参照）

会話を作ろう
A：X社の渡辺と申しますが、米山様はいらっしゃいますでしょうか。
B：たいへん申し訳ございません。お電話が遠いようなので、もう一度お名前をおっしゃっていただけますでしょうか。
A：はい。渡辺と申します。
B：渡辺様ですね。ありがとうございます。

22 急いでいる人もいるからね。

考えよう
① 金曜日の会議までに資料を人数分準備しておくこと。
② 3種類を7人分で、1人あたり20ページ、合計140ページほどの大量な分量。
③ 急いで印刷したいものがあるのに、チャタくんが大量にプリントアウトしているので、プリンターが使えないから。
④ 4（☞P.55「解説」参照）

会話を作ろう
A：300枚印刷します。印刷してもいいですか。
B：すみません。急ぎの書類があるので、先にコピーさせてもらえますか。
A：はい、お先にどうぞ。
B：ありがとうございます。

23 聞く耳を持つことも大切。

考えよう
① 昨日、帰り道で思いついた企画を、会議に間に合うようにまとめています。
② 自分の案とは正反対のアイデアだったので、間違っていると思いました。
③ 同僚に発言させないで、自分の案のほうがよいことを一方的に話し続けました。
④ 3（☞P.57「解説」参照）

会話を作ろう
A：私としては、新商品の売り上げを伸ばすためには、広告に有名タレントを使うのがよいと思います。
B：そうですね。そういう考え方もあると思いますが、まずは商品の特長がわかりやすい広告にすることを検討してはいかがでしょうか。

24 質問するのは、恥ずかしいことじゃない。

考えよう
① 先輩に頼りにされていることがうれしい様子。
② 先輩に頼りにされているのに、今さら「わからない」とは言いにくいと思い、また、わからなくても何とかなるだろうと思ったから。
③ 自分がわからないところを、先輩と話しているときに思いきって質問しなかったこと。
④ 3（☞P.59「解説」参照）

会話を作ろう
A：あの、お話の途中ですみませんが、ちょっとよろしいでしょうか。
B：何ですか。
A：今、課長がおっしゃいましたX社への販売価格についてですが、「値引きには応じられない」というのは、「値引きしない」ということでしょうか。
B：はい、そうですよ。
A：わかりました。ありがとうございます。

25 いくら後輩だからって……。

考えよう
① チャタくんに背中を向けたまま「おはよ」と言いました。
② 昨日チャタくんが机の上を片づけないで帰ったこと。
③ 先輩には丁寧な言葉で礼儀正しく話したのに、チャタくんには乱暴な話し方をしました。
④ 4 （☞P.61「解説」参照）

会話を作ろう
A：新商品の今月の売り上げが、先月より10パーセント上がりました。
B：鈴木さん、すみません。ちょっと聞いてもいいですか。
A：はい、何でしょうか。
B：その新商品の発売後1か月の売り上げはどうでしたか。

26 「できません」と言うその前に。

考えよう
① 上司に背中を向けたまま「できません」と返事をしました。
② 李さんに背中を向けたまま「いまは無理です」と返事をしました。
③ 自分も先ほど上司に対して、同じように乱暴で冷たい態度をとったこと。
④ 2 （☞P.63「解説」参照）

会話を作ろう
A：加藤さん、ちょっとお願いしたいことがあるのですが。
B：はい、何でしょうか。
A：新商品のパンフレットの翻訳をお願いできますか。
B：いつまでに必要なものでしょうか。
A：今月末までにできていればいいのですが。
B：今月末までですね。承知しました。

27 準備は怠りなく。

考えよう
① 出張先のセミナー会場の場所を調べておくこと。
② 初めて行く、よく知らない場所だから。
③ 電車の時間や最寄り駅からの時間など、調べていないことについて聞かれたから。
④ 1 （☞P.65「解説」参照）

会話を作ろう
A：山本さん、先月の売り上げについて調べておいてください。
B：はい、わかりました。先月の売り上げのほかに調べることはございますか。
A：それじゃあ、去年の売り上げも調べておいてください。
B：承知しました。

28 何はともあれ、相談だ！

考えよう
① チャタくんが先輩たちに質問しないで、自分ひとりで仕事を進めていること。
② チャタくんが自分ひとりで作って上司に提出した書類。
③ チャタくんが作った書類に大きな間違いがあったから。
④ 2　（☞P.67「解説」参照）

会話を作ろう
A：係長、今ちょっとよろしいですか。
B：何かな？
A：課長から、データを計算して報告書を作るように言われて、作ったんですが、私の計算が正しいかどうか、見ていただけませんか。
B：うん、いいよ。どれどれ。

29 「ここは日本だよね？」と思うかもしれないけど……。

考えよう
① コンセンサス、アウトソーシング、コンソーシアム、スケールメリット。
② 議論の内容がほとんど理解できず、困っている様子。
③ パソコンを開いてインターネットでカタカナの言葉の意味を調べること。
④ 4　（☞P.69「解説」参照）

会話を作ろう
A：すみません。「アウトソーシング」とはどのような意味でしょうか。
B：それは「業務を外部委託する」という意味ですよ。
A：ありがとうございます。

30 おいてきぼりは、いけません。

考えよう
① 上司と中国へ。
② 取引先の中国の会社の人と上司との商談を、通訳すること。
③ 中国語がわからなくて会話に入れないから。
④ 3　（☞P.71「解説」参照）

会話を作ろう
A：部長、契約が決まってよかったですね。
B：うん。「契約が決まってうれしい。これからもよろしくお願いいたします」と通訳して伝えてください。
A：「契約が決まってうれしい。これからもよろしくお願いいたします」
　　（※あなたの国の言葉で言ってください）
C：「私もとてもうれしい。こちらこそよろしくお願いします」（※あなたの国の言葉で言ってください）
A：あちらも「私もとてもうれしい。こちらこそよろしくお願いします」とおっしゃっています。
B：そうですか、それはよかった。（Cと握手する）

付録1

ビジネス日本語にチャレンジ！
解答 & 解説

❶ 正解：2. 花

ことわざの問題です。「言わぬが花」とは「はっきりと口に出して言わないほうが、趣や味わいがあり、また、差し障りもなくてよいこと」を意味します。問題文は、交渉が残念ながら不調に終わったことを、周囲の人が気づかって、部長の前ではあえて口に出さない様子を述べています。

この「言わぬが花」と語調がよく似たことわざに「知らぬが仏」があります。これは「知れば腹も立つけれど、知らないからすましていられること」を言います。また「本人だけが知らずにすましていること」をおもしろがって言うときにも用います。

❷ 正解：3. 八方ふさがり

ことわざの問題です。正解の「八方ふさがり」とは「どのような手段によっても打開したり改善したりすることができない、どうしようもなく困った状況にあること」を言います。**1**「一触即発」は「少し触れてもすぐに爆発しそうなほど、とても緊迫した状態」という意味です。**2**「四角四面」は「考え方や態度などが真面目すぎて、堅苦しいこと」を言います。**4**「十把ひとからげ」は「いろいろなものをすべて、ひとまとめにして大ざっぱに扱うこと」です。正解の**3**以外は、問題文の文脈に合いません。

❸ 正解：3. あいにく

訪ねてきたお客様に対して、担当者の不在をわびる場面です。「あいにく」とは「相手の期待や目的にこたえることができない様子や、都合が悪い様子」を表し、「誠に残念ながら」などと同じような使い方をします。**1**「折よく」では意味が正反対です。**2**「しかるべく」は「適当に。それにふさわしいように」の意。**4**「なるべく」は「できるだけ」という意味で、どれも問題文の文脈に合いません。

❹ 正解：4. ありがとうございます

取引先の会社に出向いたり電話をかけたりしたときに、取り次いでくれた人に伝える定番のあいさつです。いつも親しくお付き合いいただいていることに対して、感謝の思いを素直に伝えます。「世話」になっているからといって、**1**や**2**のように、謝ったり、かしこまったりはしません。また、**3**「幸いに存じます」は「願いを聞き入れてもらえるとうれしく思う」という意味で、相手にお願いをするときに使う、改まった表現です。

❺ 正解：4. 得ない

慣用表現の問題です。「要領を得ない」は「話の要点がはっきりせず、また、筋道が立っていないために、何を言いたいのかよくわからない」ことを言います。「要領」とは、物事のもっとも大事な部分、すなわち「要点」であり、またそれをしっかりつかんだ物事の進め方を意味します。この「要領」とよく似た意味を表す言葉に、「的」があります。これは、「的を射る」（＝要点をつかむ）、「的外れ」（＝要点を外していること・見当違いなこと）のような使い方をします。

ビジネス日本語にチャレンジ！ 解答＆解説

❻ 正解：3. 申しております

　敬語の問題です。場面は、自分の上司である部長が工事を依頼する意思があることを、取引先の会社の人、つまり社外の人に伝えるところです。こういうときは、たとえ上司でも、社内の人を敬意の対象にはしません。敬意を表す相手はあくまでも社外の人です。したがって「申しております」と自分の上司に対しては謙譲表現を用います。**1**と**2**は、上司に尊敬語を用いているので誤り。また、**4**は、相手に対する敬意が表れていません。

❼ 正解：2. とのことです

　取引先の会社の人から電話を受け、その内容を課長に伝える場面です。報告をおろそかにすると、たとえ短い内容でも、取引先の信用を失いかねません。相手の用件を正確かつ簡潔に伝えなければなりません。あいまいな内容だったり、勝手な推測を交えたりすることは禁物です。その意味で、**1・3・4**は不適切です。

❽ 正解：1. 間違えたりすると

　文法の問題です。問題文の末尾の「一度に失うことがある」という表現に注目すると、下線の部分には「……の場合は」「……ならば」「……すると」などの仮定や条件を表す言葉が入ると推測できます。そこで、**1**「間違えたりすると」を入れてみると、「もしも間違えたら、信用を失うことがある」となって、文の意味が通ります。**2**「間違えたとはいえ」、**3**「間違えたにしても」は譲歩（＝確かに間違えたけれども、しかし……）を表すので、あとに続く表現が「失わない」でないと意味が通りません。**4**「間違えたからには」は、強い因果関係（＝間違えたので、必ず……する）を表すので、問題文末尾の「……ことがある（＝可能性がある）」という表現に合いません。

❾ 正解：4. 尽くす

　語彙の問題です。**4**「礼を尽くす」とは「礼儀作法に従って、できる限りの十分な敬意をもって相手に接する」ことを言います。これだと、初対面の人と会うときの大切な心がまえを述べている問題文とスムーズにつながります。**1**「礼をする」は「あいさつをする・会釈をする・お辞儀をする」という意味です。**2**「礼を行う」という表現はありません。**3**「礼を返す」は「あいさつに応える」という意味で、問題文の文脈に合いません。

❿ 正解：3. おかけいたします

　自分が休みを取ることで、職場の人たちに迷惑をかけることになって、それをわびる場面です。正解の**3**の「面倒をかける」は「相手に、時間や手間をかけさせ、わずらわしい思いをさせる」という意味の慣用句です。**4**の「面倒を見る」は、「世話をする」という意味になって、文脈に合いません。

⓫ 正解：1. 何なりと

　言葉の意味の問題です。自分の仕事に余裕があるときは、周囲の人や職場全体の様子を見て、自分から進んで協力を申し出ることも必要です。正解の**1**「何なりと」は、できることなら「何でも・どんなことでも」すると伝える言葉です。**2**「何もかも」は「すべて・あらゆること」の意ですが、「すべて」を行うとすると、ただの「お手伝い」ではすまなくなり、問題文の文脈に合いません。また、**3**「何としても」は「必ず・どうしても」、**4**「何はともあれ」は「ともかく」の意で、どちらも文脈に合いません。

⓬ 正解：2. 猫の手

　ことわざの問題です。「猫の手も借りたい」とは「誰でもいいから手伝ってほしいと思うくらいに、たいへんに忙しい様子であること」を言います。**1**「孫の手」は、背中をかくときに使う道具です。また、**3**「馬の脚」は「馬脚をあらわす」（＝隠しておいたことが明らかになる）、**4**「虎の尾」は「虎の尾を踏む」（＝たいへんな危険をおかす）ということわざが思い浮かびますが、どれも問題文の内容には関係ありません。

⑬ **正解：4. 不測**

　言葉の意味の問題です。正解の**4**「不測」とは「予想できないこと。思いがけないこと」を言います。ほかの選択肢を確認すると、**1**「不明」とは「はっきりとせずによくわからないこと」です。**2**「不惑」とは「迷いがないこと」を言います。これが本来の意味ですが、中国の古典『論語』に由来する故事成語として「40歳」を意味し、現在はこの意味で用いることが多いようです。**3**「不問」は「あえて取り上げて問題にしたり、問いただしたりしないこと」という意味です。どれも問題文の文脈に合いません。

⑭ **正解：3. ご覧になって**

　敬語の問題です。問題文は、課長が研修会の案内のメールを見てくれたかどうかを、課長に聞いて確かめる場面です。メールを「見る」のは課長ですから、課長に敬意を表すために敬語（尊敬語）を用います。「ご覧になる」は「見る」の尊敬語です。この尊敬語を正しく用いているのは、**3**「ご覧になって」だけです。ちなみに問題文の「ご覧になっていただく」は「ご覧いただく」と言い換えることもできます。しかし、選択肢**1**・**2**のような言い方はしません。また、**4**は二重敬語（＝同じ種類の敬語を重ねて用いること）になり、適切な表現とは言えません。

⑮ **正解：4. 長らく**

　言葉の意味の問題です。問題文は、訪問者や電話の相手に対して待たせたことをわびる場面です。正解の**4**「長らく」とは「長い間」という意味で、相手を待たせたことを素直に認めることになります。一方、**1**「少々」、**2**「いささか」は「少し」という意味ですが、問題文の文脈に当てはめると「少しの間・短い時間」を意味することになります。**3**「しばらく」も、「少しの間・それほど長くない時間」という意味です。どれも待たせたことをわびることになりません。

⑯ **正解：2. と**

　接続語の問題です。社外のお客様に、会場までの経路を案内する場面です。正解の**2**「と」は、「……すると、必ず……する」という意味を表します。ある条件がそろうと、それによってつねにある結果が起きることを表す用法です。問題文は、この「と」を入れることによって、「右に進むと（必ず）受付がある」という意味になります。**1**「が」は、前後の関係が不明で、意味がはっきりとつながりません。**3**「ので」は、理由を示す言葉ですが、前後に理由を示さなければならないような因果関係はありません。**4**「としても」は「もし……しても」という意味を表しますが、これもやはり意味が通じません。

⑰ **正解：1. 根掘り葉掘り**

　慣用句の問題です。正解の**1**「根掘り葉掘り」とは「細かいことまで、しつこい様子」を言います。お客様とのコミュニケーションを通じて、お客様のニーズなどをきちんと把握することは、大切な仕事です。しかし、お客様のプライベートに立ち入って仕事に関係のないことまであれこれと聞き取ることは失礼に当たると、問題文は述べています。

⑱ **正解：4. まいりません**

　敬語の問題です。問題文は、取引先の会社の人に、約束した面会の日時を変更してもらうように、電話をかけてお願いしている場面です。こういう場合は、相手に敬意を払いつつ、相手の意向を確かめる形でお願いするのがマナーです。正解の**4**「まいりません」は謙譲語「まいる」の否定形。「まいりませんでしょうか」とたずねることで、自分の希望を押しつけず、相手の意思を尊重する気持ちを表します。**2**「いきません」では相手に敬意が十分に伝わりません。また、肯定形の**1**「いきます」と**3**「まいります」は、直前の「……わけには」とのつながりが不自然です。

❾ 正解：1. あずかりました
　慣用的な表現の問題です。問題文は、「田中様」という社外の人から紹介されて、初対面の人に対して自己紹介をしている場面です。正解の1「あずかりました」の辞書形は「あずかる」（漢字で書くと「与る」）です。「ご紹介にあずかる」という言い方は、主に目上に当たる人から紹介を受けたときに使います。4「たまわりました」は謙譲語で、「いただきました」と同じような使い方をしますが、「紹介にたまわる」という言い方はしません。「紹介をたまわる」が正しい言い方です。

⓴ 正解：3. 愛顧
　言葉の意味の問題です。問題文は、店員が来店に対するお礼を述べている場面です。正解の3「愛顧」とは「（客が）目をかけ引き立てること」を言います。1「承諾」とは「ほかの人の意見や要求を聞いて、受け入れること。また、相手の依頼を引き受けること」です。2「尽力」は「力を尽くすこと」を言います。4「面倒」は「やっかいで、わずらわしいこと」という意味です。3以外はどれも文脈に合いません。

㉑ 正解：4. いません
　文法の問題です。問題文は「自分の名前を間違えられたら、誰でも不愉快に思うはずだ」という主旨です。「不愉快に思わないお客様は……」と途中で否定の言葉を使っているので、そのあとの表現で「いない」と言わないと、「不愉快に思う」という意味になりません。このような表現方法を「二重否定」と言います。選択肢の中で「いない」という意味を含むのは、4「いません」だけです。

㉒ 正解：1. 共用
　言葉の意味の問題です。問題文は、コピー機を営業部と開発部が一緒に使っているという主旨で、正解は1「共用」です。「共用」とは「複数の人たちがともに使うこと」です。2「共通」は「二つ以上の物事のどれにも当てはまること」を意味します。3「共同」とは「複数の人が、同じ目的や条件で一緒に何かを行うこと」を言いますが、この語だけでは「使う」という意味を表せません。4「共存」は「二つ以上のものが一緒に存在したり生存したりすること」で、1以外はどれも文脈に合いません。

㉓ 正解：3. 見張る
　言葉の意味の問題です。問題文を読むと、同席した社員たちがみな驚いて、反論する彼女を「目を大きく開いて見る」、または「目を丸くして見る」様子が想像できます。この意味を表すのは、3「見張る」だけです。2のように、社員たちは単に「（目を）開く」だけではありません。また、4「つぶる」は「目を閉じる」という意味です。

㉔ 正解：2. 甘かった
　慣用表現の問題です。問題文は、計画どおりに仕事が進まなかったことについて、上司に叱られている場面です。「それでも何とかなると思っていたのなら」という表現から、仕事の計画や予想が不十分だったことがわかります。正解の2の「見通しが甘い（甘かった）」とは「事前に十分な計画をしていないこと」、または「今後の成り行きや将来に対する予想が不十分なこと」を言います。1の「見通しが暗い」は、「将来に対してはっきりした予想ができないこと」、または「将来に希望がもてないこと」を意味し、問題文の文脈に合いません。また、3「見通しが遅い」、4「見通しが緩い」という言い方はしません。

㉕ 正解：3. 島
　慣用句の問題です。「取り付く島もない」とは「頼りにするものや手がかりが何もないこと」を言います。また「何かを頼んだり相談しようとしても、相手の態度が冷たくて、話を進めるきっかけが見つからない様子」を表します。なお、問題文の「ピリピリしている」は、彼女に「取り付く島もない」理由を表現しています。

㉖ 正解：3. 間

言葉の意味の問題です。問題文は、周囲の人が「声をかける」こともできないほど、先輩が忙しそうだと述べています。つまり、その先輩には「ほんのわずかな時間のゆとり」もないのです。この意味を表すのは、3の「間」です。「間」は「……する間もない」という言い回しで用いられると、「あることをするのに必要な時間のゆとり」とか「わずかな時間」を意味します。1「谷間」は「谷の中」または「高いものの間にはさまれた低い場所」です。2「手間」は「仕事に費やされる労力や時間」を言います。4「すき間」は「物と物との間にわずかに空いている場所」です。

㉗ 正解：2. 気

慣用句の問題です。問題文は前半で、新人が周囲の人たちのことにも気を配り、また細かいところにまで目を配ることができる人物であることを述べています。そのような評価を表す言葉は、2「気が利く」で、これが正解です。1「機転が利く」は「その場その場の状況に応じて、素早く適切な対応ができること」を言いますが、これでは問題文前半の「周到に準備を進めていた」と意味が合いません。3「目が利く」は「物のよしあしを見分ける能力があること」を表します。4「鼻が利く」は「物のにおいをよくかぎ分けられること」、または「自分の利益になることによく気がつくこと」を表します。

㉘ 正解：4. おわびいたします

ビジネスシーンにおける慣用的な表現の問題です。問題文は、誤字を訂正したうえで、迷惑をかけたことを謝る内容です。このような場合によく用いられる表現は、4「おわびいたします」です。これは、「自分の過ちで人に迷惑をかけたことを謝ること」を意味します。1「ご容赦願います」は「お許しください」の意です。相手に許してもらう前に、自分がまずきちんと謝ることが必要です。2「失礼いたします」は、自分が何かをするときに相手の了解を得たり、その場を離れたりするときに用いる表現です。3「遺憾に思います」は「残念に思います」というのが本来の意味です。どれも問題文のような場面で使うにはふさわしくありません。

㉙ 正解：1. カテゴリー

カタカナの言葉の問題です。解答のヒントは問題文中の「使用目的によって」「分類」という言葉です。製品を棚に収納するには、同じ目的で作られた製品をひとつにまとめ、ほかの製品と区別して整理する必要があります。その区別や分類を1「カテゴリー」と言います。「カテゴリー」とは「同じ性質をもつものどうしが集まっている領域や範囲」を言います。2「ポイント」は「要点・大事なところ」という意味で使われます。3「ディテール」は「詳細」、4「サークル」は「同好会・仲間」を意味し、2～4はどれも文脈に合いません。

㉚ 正解：3. さすがに

副詞の問題です。正解の3「さすがに」は、ある物事に下した評価や判断を、改めてそのとおりだと認めるときに用いる言葉で、「どう考えても、やはり」とよく似たニュアンスを表します。1「大して」は、あとに否定の言葉を伴って、「それほど……ない」という意味を表します。2「ぜんぜん」も、あとに否定の言葉を伴って、「まったく……ない」という意味を表します。また、4「ほとんど」は、あとに否定の言葉を伴うと、「まったくと言っていいほど……ない」という意味になります。したがって、1・2・4は問題文の文脈に合いません。

付録2

【オフィスのことば】索引

◆ この索引では、01～30のマンガの「オフィスのことば」を、①英語の言葉、②カタカナの言葉、③漢字・ひらがなの言葉に分けたうえで、②③を原則としてそれぞれ五十音順に並べています。
◆ ①②、さらに③の中のひらがなだけの言葉は、「読み」を載せていません。
◆ それぞれの「オフィスのことば」に関連する言葉がある場合は、「辞書形（基本形）」に「*」を入れて示しています。

通しNo.	オフィスのことば	読み	辞書形（基本形）	マンガNo.
1	CC	──	CC	04
2	アイデア	──	アイデア	23
3	アウトソーシング	──	アウトソーシング	29
4	コール	──	コール	03,06
5	コンセンサス	──	コンセンサス	29
6	コンソーシアム	──	コンソーシアム	29
7	スケールメリット	──	スケールメリット	29
8	セミナー	──	セミナー	27
9	プラン	──	プラン	25
10	プリンター	──	プリンター	22
11	プリント	──	プリント	22
12	プリントアウト	──	プリントアウト	27
13	ミーティング	──	ミーティング	25
14	ミーティングスペース	──	ミーティングスペース	13
15	あいにく	──	あいにく	07
16	案	あん	案	23
17	案件	あんけん	案件	29
18	案内	あんない	案内	09
19	生かして	いかして	生かす	29
20	急いで	いそいで	急ぐ	22
21	急ぎ	いそぎ	急ぎ（*お急ぎ）	22
22	いったい	──	いったい	14
23	以内	いない	以内	03
24	印刷	いんさつ	印刷	22
25	伺います	うかがいます	伺う（*お伺いする）	18
26	打ち合わせ	うちあわせ	打ち合わせ	28
27	うまくいきそう	──	うまくいく	30
28	うまくいきます	──	〃	30
29	うまくいった	──	〃	09,28
30	英文	えいぶん	英文	04
31	お忙しい中	おいそがしいなか	お忙しい中	20
32	お急ぎ	おいそぎ	お急ぎ（*急ぎ）	26
33	お急ぎのところ	おいそぎのところ	〃	18
34	お伺いしたい	おうかがいしたい	お伺いする（*伺う）	05,08
35	お伺いします	おうかがいします	〃	08
36	お客様	おきゃくさま	お客様	16,17,19
37	お客さん	おきゃくさん	お客さん	28
38	お先に	おさきに	お先に	24
39	お世話になっている	おせわになっている	お世話になる	09
40	お世話になっております	おせわになっております	〃	09
41	恐れ入ります	おそれいります	恐れ入ります	01
42	お疲れさま	おつかれさま	お疲れさま	24
43	お待ちしています	おまちしています	お待ちする	08
44	お待ちしております	おまちしております	〃	08
45	お持ちします	おもちします	お持ちする	17

91

通しNo.	オフィスのことば	読み	辞書形（基本形）	マンガNo.
46	お約束	おやくそく	約束	08
47	お礼	おれい	お礼	20
48	課	か	課	19
49	会議	かいぎ	会議	14,22,23,29
50	会議室	かいぎしつ	会議室	14,19
51	会社名	かいしゃめい	会社名	21
52	外出	がいしゅつ	外出（*外へ出る）	07,08,24
53	会場	かいじょう	会場	27
54	外線	がいせん	外線	15
55	書き出し	かきだし	書き出し	04
56	確認	かくにん	確認	03,18
57	かしこまりました	――	かしこまりました	06,07,08
58	課長	かちょう	課長	13,26
59	株式会社	かぶしきがいしゃ	株式会社	01,04,15,21
60	簡潔	かんけつ	簡潔	05
61	企画	きかく	企画	23
62	帰社	きしゃ	帰社	19
63	協力	きょうりょく	協力	30
64	議論	ぎろん	議論	29
65	緊張	きんちょう	緊張	09,27
66	後輩	こうはい	後輩	25
67	御担当者	ごたんとうしゃ	御担当者（*担当者）	04
68	ご覧ください	ごらんください	ご覧くださる	29
69	ご覧になりました	ごらんになりました	ご覧になる	20
70	先ほど	さきほど	先ほど	26
71	早速	さっそく	早速	10,20
72	残業	ざんぎょう	残業	10
73	仕方がない	しかたがない	仕方がない	18
74	事業	じぎょう	事業	10
75	失礼いたします	しつれいいたします	失礼します（あいさつ）	09,20
76	失礼いたしました	しつれいいたしました	失礼しました（謝罪）	07
77	失礼しました	しつれいしました	失礼しました（謝罪）	26
78	出張	しゅっちょう	出張	27,30
79	取得	しゅとく	取得	10
80	紹介	しょうかい	紹介	09,19
81	少々お待ちいただけますか	しょうしょうおまちいただけますか	少々お待ちいただく	08
82	少々お待ちください	しょうしょうおまちください	少々お待ちください	03,06,09,17
83	少々お待ちくださいませ	しょうしょうおまちくださいませ	〃	15
84	商談	しょうだん	商談	30
85	情報	じょうほう	情報	25
86	初対面	しょたいめん	初対面	17
87	書類	しょるい	書類	28
88	資料	しりょう	資料	12,17,18,22,29,30
89	先日	せんじつ	先日	02,29
90	先輩	せんぱい	先輩	01,25
91	送信	そうしん	送信	14,20
92	送信先	そうしんさき	送信先	14
93	相談	そうだん	相談	13
94	外へ出て	そとへでて	外へ出る（*外出）	01
95	大至急	だいしきゅう	大至急	13
96	ただ今	ただいま	ただ今	17
97	頼りにされて（い）ます	たよりにされて（い）ます	頼りにされる	24
98	頼りにされて（い）る	たよりにされて（い）る	〃	12
99	担当者	たんとうしゃ	担当者（*御担当者）	20
100	担当者名	たんとうしゃめい	担当者名	21
101	朝礼	ちょうれい	朝礼	02
102	直帰	ちょっき	直帰	24

【オフィスのことば】 索引

通しNo.	オフィスのことば	読み	辞書形（基本形）	マンガNo.
103	通勤経路	つうきんけいろ	通勤経路	16
104	定例	ていれい	定例	29
105	伝言	でんごん	伝言	07
106	電話（が）つながって（い）た	でんわ（が）つながって（い）た	電話がつながる	03
107	電話（を）取る	でんわ（を）とる	電話を取る	06
108	〔お〕電話（を）差し上げる	〔お〕でんわ（を）さしあげる	電話を差し上げる	07
109	取引先	とりひきさき	取引先	08,09,18,20
110	内線	ないせん	内線	15
111	慣れて	なれて	慣れる	06
112	図って	はかって	図る	29
113	白熱	はくねつ	白熱	29
114	初めまして	はじめまして	初めまして	19
115	初〜	はつ〜	初〜	27
116	繁忙期	はんぼうき	繁忙期	10
117	必着	ひっちゃく	必着	13
118	部長	ぶちょう	部長	06,09,10,11,27
119	部内	ぶない	部内	14,29
120	返信	へんしん	返信	04
121	訪問	ほうもん	訪問	20
122	ほうれんそう（報告・連絡・相談）	——（ほうこく・れんらく・そうだん）	ほうれんそう	02
123	保留	ほりゅう	保留	03
124	本日	ほんじつ	本日	20
125	まずい	——	まずい	28
126	まとまって	——	まとまる	02
127	まとめ（る）	——	まとめる	23
128	まとめた	——	〃	28
129	まとめて	——	〃	12
130	間に合いました	まにあいました	間に合う	15
131	間に合う	まにあう	〃	23,27
132	間に合わない	まにあわない	〃	12,13
133	無理	むり	無理	26
134	名刺	めいし	名刺	19
135	名刺入れ	めいしいれ	名刺入れ	19
136	名刺交換	めいしこうかん	名刺交換	19
137	申し伝えます	もうしつたえます	申し伝える	01,07
138	申し訳ございません	もうしわけございません	申し訳ございません	03,07,08,18
139	戻り	もどり	戻り	07
140	戻りました	もどりました	戻る	11
141	戻れれば	もどれれば	〃	08
142	最寄り駅	もよりえき	最寄り駅	27
143	問題ない	もんだいない	問題ない	22
144	有休	ゆうきゅう	有休（＊有給休暇）	10
145	有給休暇	ゆうきゅうきゅうか	有給休暇（＊有休）	10
146	有効	ゆうこう	有効	25
147	輸入	ゆにゅう	輸入	10
148	予定	よてい	予定	16
149	よろしく	——	よろしく	10
150	よろしくお願いいたします	よろしくおねがいいたします	よろしくお願いします	30
151	よろしくお願いします	よろしくおねがいします	〃	14
152	来客中	らいきゃくちゅう	来客中	13
153	来社	らいしゃ	来社	16,17
154	連絡	れんらく	連絡	14,
155	〜いたします	——	〜いたします	03（07,09,20,30）
156	〜次第	〜しだい	〜次第	07
157	〜の件	〜のけん	〜の件	02,03,09,11,14,26
158	〜部	〜ぶ	〜部	10

「BJTビジネス日本語能力テスト」のご案内

「ビジネス日本語能力」＝日本や日本の会社で活躍するために必要なビジネスコミュニケーション能力

　日本語が母語でない人が、日本や日本の会社で仕事をするときは、ビジネス場面で使われる日本語やその言い回し、日本のビジネス習慣や文化を理解していることが大切です。そのうえで、専門分野やバックグラウンドが違う相手にわかりやすく説明したり、相手にわからないことを確かめたりしながら、仕事を進めていく能力が求められます。
　ビジネス場面におけるこのような日本語コミュニケーション能力を「ビジネス日本語能力」と言います。

「ビジネス日本語能力」を測る「BJTビジネス日本語能力テスト」

　「BJTビジネス日本語能力テスト」（以下、BJT）は、日本語やビジネスの知識があることを前提として、その知識をビジネス場面においてどれだけうまく使うことができるかを、つまり上で述べた「ビジネス日本語能力」を客観的に測定するためのテストです。
　表1はBJTが測定する各種の技能（出題内容）を表しています。また、表2はBJTの問題構成を表しています。

表1　BJTが測定する技能（出題内容）と前提知識

		← 測定される技能 →	← 前提知識 →
聞く（話す）	聴解能力	情報を抽出する技能 情報を総合する技能 情報を推測する技能 情報を予測する技能 情報を記憶する技能	日本語に関する知識 音声 表記（文字） 文法 語彙
	聴解と読解の複合能力	情報を取捨選択する技能 情報のノイズに惑わされない技能 論理関係を見抜く技能	談話類型 談話スタイル 社会的知識 文化的知識
読む（書く）	読解能力	情報のスピードに適応する技能 ビジネス・スキルほか	心理的知識 ビジネス知識ほか

CBT方式で実施される「BJT」

　BJTは、コンピュータを通して出題・解答する「CBT方式」（＝Computer Based Testing）によって実施されます。
　この「CBT方式」により、自分のスケジュールに合わせて、日時や場所を選んで受験することができます。また、結果もテスト終了後すぐに知ることができます。

表2　BJTの問題構成

全80問			
第1部 聴解 （約45分）	場面把握問題 発言聴解問題 総合聴解問題	5問 10問 10問	計25問
第2部 聴読解 （約30分）	状況把握問題 資料聴読解問題 総合聴読解問題	5問 10問 10問	計25問
第3部 読解 （30分）	語彙・文法問題 表現読解問題 総合読解問題	10問 10問 10問	計30問

「BJT」の能力評価（スコアとレベル）

　BJTは、受験者の「ビジネス日本語能力」を0〜800点の「スコア」（点数）で評価します。さらに「スコア」に応じて、J5〜J1+の6段階の「レベル」でも評価します。
　表3は、それぞれの「レベル」がどのような、また、どの程度の「ビジネス日本語能力」があるかの目安を表しています。

表3　「ビジネス日本語能力」のレベルの目安

評価項目＼レベル＼スコア	J5 0〜199点	J4 200〜319点	J3 320〜419点	J2 420〜529点	J1 530〜599点	J1+ 600〜800点
日本語によるビジネスコミュニケーション能力	ほとんどない	限られた場面で最低限ある	限られた場面である程度ある	限られた場面で適切である	幅広い場面で適切である	すべての場面で十分ある
日本語による意思疎通	ほとんどできない	できることが少ない	支障が多い	支障が少しある	ほとんど支障がない	まったく支障がない
対人関係に応じた言語表現の使い分け	できない	できない	断片的にできる	少しできる	ある程度できる	適切にできる
社内文書・ビジネス文書の理解	できない	日常的・基本的なものが断片的にできる	日常的・基本的なものがある程度できる	日常的なものがおおむねできる	日常的なものが正確にできる	すべて正確にできる

「BJT」のメリットと活用例

メリット
- スコアによってビジネス日本語能力を客観的に評価できる。
- 評価の基準が一定である。
- 自分の都合に合わせて受験できる。
- 結果がすぐにわかる。

活用例

受験者・学習者は……
- 学習目標の設定
- 進学時の能力証明
- 就職活動時の自己PR材料
- キャリアアップ
- 給与アップ・待遇の向上

学校・企業は……
- 授業・研修の課題の設定
- 入学基準・クラス分けの指標
- 採用時の指標
- 配属時の参考
- 昇給・昇格の基準

〔公式サイト〕

※詳しい情報は、BJT公式ウェブサイト〔 http://www.kanken.or.jp/bjt/ 〕をご覧ください。

■편집협력 : 인터컬트일본어학교
　　　　　사사키 하야토, 요네야마 요이치

만화로 체험하는! 니쁜노 카이샤
~비즈니스 일본어를 실천한다~

발 행 일 :	2017년 11월 10일 초판1쇄
편 저 자 :	공익재단법인 일본한자능력검정협회
홈페이지 :	http://www.kanken.or.jp
펴 낸 이 :	송부영
펴 낸 곳 :	(주)해외교육사업단
등록일자 :	1997년 4월 14일
등록번호 :	제 16-1456
주　　소 :	서울시 서초구 강남대로 381
전　　화 :	02-736-1010
팩　　스 :	02-552-1062
이 메 일 :	song@hed.co.kr

*이 교재의 내용을 사전 허가 없이 전재하거나 복제할 경우 법적인 제재를 받게 됨을 알려드립니다.
*잘못된 책은 구입하신 서점이나 본사에서 교환해 드립니다.

ⓒ The Japan Kanji Aptitude Testing Foundation 2017

ISBN 979-11-85979-14-4

이 도서의 국립중앙도서관 출판예정도서목록(CIP)은 서지정보유통지원시스템 홈페이지(http://seoji.nl.go.kr)와 국가자료공동목록시스템(http://www.nl.go.kr/kolisnet)에서 이용하실 수 있습니다.(CIP제어번호: CIP2017027774)